文經文庫 262

3分鐘問出你想要的答案

——讓溝通力滿分的問話術

經營管理諮詢專家 野口吉昭◎著

文經社
Taiwan

COSMAX
PUBLISHING Co.
Since 1981

前言

磨練「溝通力」增加你的職場力

經營管理顧問不僅要學會商業人士的基本技能，還要學會經營者基本的思維與技能，如果沒學會就不能說是專家。經營管理顧問有時會遭人質疑說：只會談論檯面上的理論，真的懂經營嗎？真的能在第一線實行嗎？因此，雖然談到經營管理顧問的思維與技能，但本書不打算談大多數商業人士的典範或是成功案例。

不過，在大多數的基本經營管理思維與技能當中，本書提出的「溝通力」卻是經營管理顧問絕對必備的能力。因為溝通力是各行各業專業人士也通用的技能，經營管理顧問的資質也能由溝通力來評價。

單向的提問並不專業，不但要站在「對方立場」考量，而且講求廣度、高度、深度本質的溝通力，才可說是集知識、見識、良知等大成。

好的提問不但能創造好氣氛，也可以建立良好的溝通關係。好的提問可以提振對方的士氣、使其身心愉悅。好的提問可以激勵對方做出有成果的過程。

換言之，好的提問就是「創造動機」的關鍵、能量的元素。提問不只是當下所說的話，還包括準備、正式上場、事後等整個過程，也可以說關係著對方的人生。

透過提問，就可以了解提問者的深度與水準。

出版本書之際，經常承蒙PHP研究所的吉村健太郎先生的照顧，因此希望在此表達衷心的謝意。

我衷心期望，大多數的商業人士能透過本書來磨練「溝通力」，並將假設力、本質力、編劇力活用於商業、工作上。

目次

第1章 「溝通力」的重要性

第2章

沒有「假設力」，就沒有下一步

第3章

缺乏「本質力」，就提不出「好」問題

第4章

擁有「編劇力」，才能問什麼有什麼

第1章

「溝通力」的重要性

1-1 現今為何注重溝通力

溝通力直接影響工作成果

若問我「經營管理顧問最重要的工作技能是什麼？」我會毫不猶豫地回答是「溝通力」（日文原文：質問力）。為什麼呢？因為溝通力涵蓋諸多的思想與技巧。

從邏輯思考到概念思考、戰略性構思、當事者意識、大環境知識、市場環境知識等諸多要素都可歸納為溝通力。而這不只是經營管理顧問必須具備的能力，也是現在商業人士必備的重要能力。

具有溝通力的人，毫無疑問地工作能力一定很強。換個方式來說，越磨練溝通力，工作就會做得越好。卓越的經營管理顧問也一定具有很強的溝通力。

經營管理顧問的主要工作就是傾聽客戶的談話，與客戶共同探討「覺得什麼樣的事有問題？」、「是否有想到問題的原因在哪裡？」、「是否能想到其他的原因？」、「該如何做才能解決問題？」、「此一課題的解決方案有切中目標嗎？」面對客戶無法順利歸納他們抱持的問題時，要很有耐性地和他們共同整理出問題的要點。

然後要他們提出依實務觀察所得出的解決方案，或是由我方提出方案。

所謂經營管理顧問的武器，就是廣泛的、抽象的意見或建議，因此不需要毫無深度的架構式（framework）整理、分析或是策略提示等。當然，列出架構式整理的方式是重要的，可讓人一目瞭然，但其內容若不符合需求、不具思考深度、不通情理的話也不行。因此，針對客戶所處的狀況，經營管理顧問深入建言的態度以及評論的能力是很重要的，而且內容不具高度、廣度與深度就不行。

能做到上述幾點的經營管理顧問，才能獲得客戶高度的信任，認為「那位經營管理顧問真的有認真在思考我們的事，並提出具體的提案。」

經營顧問最大武器就是「溝通力」

經營管理顧問須獲得客戶的信任，就要對客戶提出建議。但要向客戶提出深入的建議時不可欠缺的能力，就是本書的主題「溝通力」。

這世上有的人無法將自己所想的事正確傳達給對方，也有人不太想說清楚自己的事。還有，即使潛意識已發現問題所在，卻無法將問題表現出來的人大有所在。有的人則是經常迷失方向，將各個問題糾結在一起而不知道該依什麼樣的程序來說明才好。

即使要求上述這些人說：「那麼，請用很簡單的話向我說明你的問題。」也並非那麼簡單。因為變數太多，而且這類型的客戶多半態度消極。

因此，就要靠溝通力了。優秀的經營管理顧問經常會讓客戶產生以下的感想：

「一旦經過經營管理顧問的提問，就會覺得自己越來越有想法。」

「在被提問的過程中，可以發現自己至今未察覺的問題點。」

「在回答當中，就能徹底整理出自己所面臨的課題。」

其實，不只經營管理顧問要具備溝通力。世上幾乎所有行業的人，都需要溝通力。如果業務員不能透過傾聽來掌握客戶的課題或需求，就無法提出適當的商品方案。醫生在問診時不仔細聆聽患者的訴求或期望，患者就不會信任醫生，之後的治療便無法順利進行。

一些魅力超凡的大牌美髮師，也不只是靠優秀的剪髮技術。他們之所以能獲得客戶的大力支持是因為能牢記客戶的需求，甚至設計出超乎客戶想像的髮型。優秀的美髮師，並非只有剪、燙髮的技術，還具備「看穿」客戶心思的能力。而「溝通力」就是這種「看穿」客戶心思的中心。

如此看來，「溝通力是所有工作的根本」！

如果不具溝通力，就無法聚焦於客戶的需求或掌握其狀況，而只會得到客戶滿意度低的結果。如果醫生等不具溝通力，就容易忽略患者的訴求，甚至有可能發生醫療過失等危險性。

如果具有溝通力就能確切掌握狀況，在設定目標與選擇達成目標的方法也會很敏銳。然後加上後續的努力，更可以提高最後出來的成果與評價。

因此若說「想成為成功的商業人士，要先磨練溝通力」，一點也不為過。

灑下需求種子，創造暢銷商品

不論任何時代，溝通力都是任何職業必備的能力，而現今更要特別強調其重要性。

理由是日常生活和工作開始進入電子化時代，工作的執行方法丕變。大部分事務性的單純作業，如事物的整理分類等工作都可由電腦化來完成。於是，人們的工作內容越來越偏向企畫、開發，或是直接應對客戶等來產生新價值。溝通力在這些高度尋求附加價值的工作中，扮演著相當重要的角色。

套句我常用的話來形容，即「將需求化為種子創造欲望」。

有不少人經常將「確切掌握客戶的需求，進行商品的開發」掛在嘴邊。但現在商品充斥，即使找出消費者想要什麼樣的商品而將之商品化，暢銷的可能性也很低。因為大家都著眼於容易想到、見到的商品。而消費者則是尋求具附加價值、令人驚豔的商品。

因此，才有「將需求化為種子創造欲望」的想法。

所謂的需求是指大眾已顯現化的要求。另外，所謂的欲望則是指人們還未察覺的潛在需求。而所謂的種子則是指我們自己擁有的知識與技術。

磨練溝通力的意思是透過整理、系統化來探究本質、找出解決之道。這道理非常類似商品開發上經常提及的「整理需求，找出欲望的本質化為種子來創造。」

商品開發人員或企畫人員、業務員應在掌握消費者的需求上，好好運用自己的智能，俾能提出符合人們欲望的商品與服務。當提案受到消費者的青睞，讓他們覺得「儘管以往從未察覺，但我會想要這樣的商品」時，商品才會暢銷。

即使世上有不少已定型的商品或服務，還是有許多因應欲望而開發的東西。例如，附照相功能的手機。任何人都希望「如果手機上有照相功能，我就可以隨時拍照以郵件傳給別人」吧！由於有「將需求化為種子創造欲望」的創意點子，商品才能普及於世。不論是iPod、iTunes、iPhone、Wii或是豐田的Prius，說它們是因應需求的商品，不如說它們是因為消費欲望產生的創意商品。

儘管電腦擅於整理人們需求的資訊，但唯有人類可誘導出潛在的欲求，並將無法以言語表達的東西詮釋出新語言而產生新價值。

要在現今已成熟的市場，看不見的經濟結構、複雜的價值觀交織成的社會中求生存，一定要具備「創造力」、「企畫力」、「創新力」。這些並非只是需求，而是因應欲望層面創造出價值所不可或缺的。

本書再三強調，優秀的溝通力就是整理需求、展開深度分析，並且運用獨特的創造力、企畫力、創新力等有效地將需求提升至欲望的超凡魔力。

「溝通力」會引起化學反應

大約十五年前「創新發想」一詞開始用於組織論範疇。所謂的創新發想是在複雜的研究領域中所衍生的用語。這也可說是具多項專業領域與思考的人們在互相影響過程中，從內在產生化學反應所創造出來的新價值用語。

在促進創新發想上，不可欠缺的就是優秀的溝通力。

如果不擅於提問，就會被認為「那人好像和我想法不同」而結束。優秀的溝通力會將迥異的兩者連接在一起。

若問「關於〇〇，我認為是△△，你覺得怎樣！」如果對方的回答出乎意料。受到此一刺激，若你回覆說：「那麼，關於□□好像是一樣的！」就會換對方受到刺激。

在如此反覆的應答中，就有可能突然激盪出意想不到的好點子。這就是「創新發想」，也可說是超越臨界點、跨越門檻而引發某一事件。

溝通力會引起如此偉大的化學反應。

那麼，所謂的「具優秀溝通力的人」具體上是指什麼樣的人呢？以下我們就從幾個觀點來審視吧！

1-2 具溝通力的人① 學會聽的態度

頂尖業務員未必擅長說話

以前我曾為了某件經營顧問的案子，常跑某企業的業務部門，和許多頂尖業務員交談過。問他們關於「為什麼你能成為頂尖業務員」、「你認為其主要原因是什麼」等問題。

當時我的感覺是「所謂的頂尖業務員，並非因為很會說話才獲得好業績。」也有沉默寡言的人成為頂尖業務員。我見過的頂尖業務員，沒一個是口若懸河或擅長做簡報的人。和一般的印象不一樣，說不定太會說話的人並不適合當業務員。

一旦我提出問題，頂尖業務員通常是慢斯條理地回答。雖然隨著問題的深入，他們會投入更多精神答覆，但慢斯條理的說話方式卻沒有改變。不過，仍可從每句話感受到他們從經驗中所累積的深度。

正因為是這樣的業務員，當他們站在相反的立場，也就是聆聽客戶的意見時，多半還是不常開口說話。通常是以七比三或是六比四的比例，讓客戶比自己更常開口說話。

從他們身上我深深體認到：「正因為他們顧慮對方比自己、公司還多，才能獲得客戶的信賴。」

一些成績不佳的保險業務員則完全相反。很冒昧就闖入人家上班的地方或家裡，自顧自地開始談起保險話題，想硬將公司分派下來的個性化商品或新穎商品推銷給客人。可是，不管花多長的時間說明商品，對方也沒聽進腦袋裡，也不了解這些商品有何魅力，與其他公司商品有何不同。這是因為業務員沒依循對方感興趣、關心的事，而只說自己想說的話、應該說的話的結果。

只顧著談論不感興趣的事，聽者除了痛苦之外根本什麼也沒聽進去。

保險公司的銷售人員與不斷創造銷售紀錄者完全不同。以前，我曾為了替損保代理商訂定拓展業績戰略而訪問過登上全國排名前幾名的女性銷售人員。

這位銷售人員最厲害的一點是相當勤於拜訪客戶。首先，她會和客戶碰很多次面，但每次拜訪並非只顧自地說自己想說的話，而是引導客戶主動說出各種訊息。包括家族的成員、老公的工作，或是女兒結婚的事等。

由於她從事損害保險，當然要充分掌握關於住宅和車子的重要訊息。例如，對方擁有什麼樣的車子，有幾輛車，車檢和換車的時間是何時等。現在是和哪一家損保公司簽約，連這樣的細節都會問清楚。

如果能問出這些內容，自然知道該在什麼樣的時機、提出什麼樣的商品，客戶會有意願購買。頂尖業務員之所以能常保業績第一，秘訣就在於「有多了解客戶」。例如上述的那位女性銷售人員，她之所以能問出各式各樣的訊息，就是因為她勤於拜訪客戶，親切地與客戶建立深厚的關係，而在取得對方的信任之後，自己也不會成為談話的主角，而是盡量讓客戶說話。

頂尖業務員未必是說話高手，但擅長聽人說話才能成為箇中的佼佼者。說得更白一點，成為頂尖業務員的關鍵就在於不只要懂得傾聽，還要能聽出人們內心深處的心聲。

派對上誰能讓人有好感？

人們通常會對認真聽自己說話的人抱持好感。

派對上最能讓人有好感的人是誰呢？通常不會是說話的主角，而是默默聽人說話的人。

舉例來說，A、B兩個初次見面的人進行交談。

A正在說明下個月要開始著手的新事業，B則一邊點頭一邊聆聽。B有時會簡短地插一、兩句話。於是A的心情變得很好，不知不覺地高談闊論起來。

當談話結束、B要離席時，A應該會這麼想：

「B是個相當不錯的人耶！」

B本身幾乎沒說自己的事，只適度地以點頭和簡短的提問來回應。儘管如此，B確實讓人留下好印象。對A來說，B的形象就是「對自己的想法感興趣的人」、「認同自己存在的人」。

「提問」與「點頭」激發人的動力

提到「點頭」與「簡短的提問」，大家似乎都認為是很簡單的事，其實不然。如果沒好好聽清楚對方說話的內容，未能在適當的時機點頭，就無法提出一針見血的問題。

正因為如此，說話一方如果在談到重點時，對方有點頭或是提出問題，心情上一定會認為「碰到了知音，志同道合的人」，一下子就會對聽者感到親切，提升了信賴感。

筆者本身在演講時，也會很高興見到聽眾在我認為該點頭的部分點頭。如獲知音般，自己的演講內容自然也充滿熱情。

老實說，即使聽眾沒在重點上點頭贊同，也總比一點反應也沒有好。因此，我會在聽眾反應不熱烈時，以半開玩笑、半認真的語氣拜託說：「不論我講到哪裡都好，請大家務必每三分鐘就點頭一次。這樣才能鼓勵我繼續講下去。」

如此開玩笑，多半可以解除聽眾的緊張感，帶動演講的熱烈氣氛。藉由這類的玩笑，聽者越是點頭回應就越能給說話者帶來安定感。

1-3 具溝通力的人②
以敏銳的提問讓對方感動

提問的敏銳度與深度，可測出你有幾兩重

在這幾年的業務領域中，大家都認為以往推銷式業務已行不通，而必須變革為具有解決方案與經營顧問式的業務。由於必須找出客戶的潛在欲求，因此「溝通力」日益受到矚目。

可是，瀏覽各公司行號的業務員教育手冊，不少都只列出膚淺的提問項目。站在客戶的角度，會覺得「提問的水準怎麼這麼低」。

前一陣子，某醫生也曾發牢騷說：「最近的MR（醫藥資訊負責人）怎麼都只會問些查一下就能了解的資訊呢？」

隸屬製藥公司的MR，他們的工作就是將自家公司的醫藥品資訊提供給醫生，並從醫生處收集有關該藥品的效果與副作用等資訊。同時，推行自家公司醫藥品的業務。因

此，MR必須向醫生提出各式各樣的問題。

「這種藥經常開給什麼樣症狀的患者？」

「患者多半是多大年紀的人？」

「會引起副作用嗎？」

這麼普通的問題，製藥公司應該已經掌握，根本不必特別提出來問醫生。可是，由於業務手冊中這麼記載，MR通常就規規矩矩地照本宣科。

由於醫生很忙碌，若有空閒，他們寧願去診療患者或進行下次手術的檢討，哪有空和MR閒扯。這時，醫生當然希望MR能針對確切存在的問題，提供具體的資訊和溝通。

一個優秀的MR，會假設好醫生會有什麼樣的問題之後，再提出問題。既然是MR，由於還會聽取其他醫生的意見，因此可從該醫生執勤醫院的規模與看診患者的特徵等來推測其大概會有何問題，然後在該結束閒聊時進入正題。例如，應該單刀直入地提問：

「您身為〇〇專科的醫生，現在對於呈現△△症狀的患者，是否有著××的問題？上個月的研討會〇〇老師發表的論文中，我們也曾提供幾個臨床的資訊，因此……」

特別當對方是專家時，會依據你提出問題的深度來推測你的程度，是「這小子很行」或「這小子不行」。

敏銳、有深度的問題，會帶給對方一絲的感動，例如「啊，他是具有看透事物能力的人」。相反地，平庸的問題則會給對方失望的感覺，如「搞什麼嘛！就這麼點程度！」

當然，如果能提出令人感動的問題，對方的心情會轉變為「是否要全盤托出？」如果只能提出千篇一律的問題，對方會很制式地回應而希望快點結束交談。

就這點來看，提問是不可掉以輕心的。據說，劍道與柔道在互相對恃的瞬間，就了解對手的實力與氣魄，提問也是一樣，提出的瞬間便見真章。

1-4 具溝通力的人③ 運用事實、呈現全貌

善用事實，增加理解力

我固定在週末上健身中心。這家健身中心每個月幫我進行一次身體組成分析（in Body）的肌力測定。將身體的體脂肪率、肌肉力、水分、骨骼強度等數據化，並提供圖表給受檢者。

我的健身教練會一邊看數據一邊做以下的提問和說明。

「野口先生，這裡的數值連續兩次沒有按預計上升！不過，沒關係。和我想的一樣。體重沒有增加，所以請放心。整體總分的體適能係數如今還差一點點。這是因為基礎代謝率沒有改善，脂肪難以燃燒的緣故。特別是腿部的肌肉需要加強。如何，要不要試試看強化腿部的運動？」

如果增加腿部的肌肉量，就會增加基礎代謝，自然地燃燒脂肪，提升總體的體適能

係數。由於腿部肌肉的體積大，經過鍛練就會對基礎代謝造成很大的影響。

我的健身教練在健身中心的器材區指導我，問我到目前為止練習每個健身器材的負荷與次數，並以容易理解方式提示新的負荷與次數的推薦值給我。

我之所以能在半年內減重五公斤，全靠這種身體組成分析的測量與健身教練的教導。當然飲食生活的改變也有關。不過，真正成功的秘訣是以事實為本，配合情況設計出最適當的練習表單，並根據表單進行訓練。

這種身體組成分析，不但可以計算出左右手、左右腳、身體……等各部位的肌肉量、脂肪量，也可以加總分數來檢視當時的體適能狀況。健身教練懂得以事實為本，從不同的組合如整體↓部分、部分↓整體向我提問，使我產生自覺、接納現實。由此可以理解，他是個經驗豐富的教練。

優秀教練會讓學習者自行選擇

繼續運動的話題吧！除健身中心之外，我每兩個星期會去打一次網球。加入私人網球俱樂部之後，偶而會去上這家私人俱樂部年輕教練的課，他也是俱樂部的業主。

我以前也上過幾堂課，但這位年輕教練的教法最讓我信服。因為他在指導打球技術時，不會只抽象地「講述理論」，而是盡可能地具體說明。舉例來說，抽球「要用左手承接右手」，截擊「重點在後腳步伐的節奏」，發球「百分之七十用拋球」。

這些簡短的口訣很快就能記住。如果搭配身體的動作，自然有所「領悟」。這時，這些口訣就能化為身體的動作。

我的教練不太拘泥於形式。舉例來說，發球大致可分為①平擊式②旋轉式③削切式。據說，業餘者很難視對手和場合好好運用這些發球技巧。

教練會替我預備好選項，並問我該使用哪種發球方式、要怎樣使用，所以我非常感謝他。

「野口先生似乎很會發平擊球，如果能記住旋轉式發球法，可增加威力，如何呢？」「剛剛的平擊球如果能更往後拋高，用球拍擦切到球側就是旋轉式發球，了解嗎？」「如果二發（譯注）是削切球，速度會降低，如果配合發平擊式發球做出變化球就有趣多了，你覺得呢？」

不少網球教練常搬出長篇大論來教人打球，但學打網球者又不是要成為職業選手。

我真的很感謝教練把我當成業餘者，要我重新審視自己的打法及要加強項目，充分傳達我該修正的要點。

我非常認可那種擅長綜合事實、全貌、選項，懂得配合學習者水準提出有助於提升網球水準問題的教練，這樣會讓學習者產生只要時間允許就想持續上課的心情。我打從心裡感受到，這樣具溝通力、懂得激發學習者產生學習動機的教練就是最好的夥伴、支持者。

譯注：Second serve，第二次發球。

1-5
具溝通力的人④

能讓對方主動敞開心房的能力

敏銳的問題可使對方感動、主動開口說話。反之，就是探查對方的隱私，令人討厭的問題。

「您先生的年收入是多少呢？」

「您的家庭成員有哪些人呢？」

「將來的生活規劃是？」

聽出客戶的不愉悅

如果一個唐突來到家裡的業務員提出這樣的問題，任何人都會閉口、不想回答吧！

一般人第一時間的反應應該是「為何我非得跟你說這樣的事呢！」而不會想成「喔！這樣的問題？真尖銳耶！」

不過，對於針對個人販售高價商品的業務員而言，掌握客戶的年收入和家庭成員是必要的。從哪裡可以看出業務員的業務手腕呢？那就是在取得信任關係之後，客戶願意主動透露，甚至有意願要購買商品。個人的訊息並非是「聽出來」的，而是「客戶忍不住自己透露」，創造出這樣的情境很重要。

房仲業的頂尖銷售員非常擅長這樣問出客戶的生活水準與規劃。觀察他們與客戶接觸的方式，可以學到很多所謂的溝通力。

落實客戶的夢想，讓客戶滿意

從事房仲業務並不容易，客戶儘管熟知「設計」、「內部裝璜、施工」、「房子的性能、機能」等資訊，但大部分人都對自己的家懷抱著夢想。

想要買房子的人，一定會親自到房屋接待中心去看房子。建在接待中心的多半是占地七十或八十坪的樣品屋。一坪單價通常是八十萬日圓至九十萬日圓，蓋得相當豪華。

不過，對想要實現購屋夢想的人而言，實際有能力蓋的房子，四十坪也不算小。如果在市中心，理所當然會選擇三十坪，也有可能是二十坪房子。此外，如果一坪的單價未控制在五十至六十萬日圓的預算內，根本買不起。最近有Power Bulider之稱的建造業，像是Tamahome（日本大型民宅建設公司）推出一坪三十萬日圓以下房子等電視廣告也廣受矚目。

若想要購入在房屋接待中心展示的房子，包括地價在內，動輒恐怕就超過一億日圓。但購屋者的預算平均從四千萬日圓起跳，頂多到六千萬日圓左右吧！

於是會發生什麼情況呢？購屋者的腦海裡會將在房屋接待中心看到的房子擴大為夢想。由於常從業務說明書上學習，滿腦子塞滿「如果是系統廚具，那套比這套要好得多」等的想法。

可是聽完整個建案之後，購屋者的腦海裡始終產生不了畫面。因此，銷售員一定要設法說服客人慢慢放棄理想。

這是相當困難的事。一般銷售員總是以「這樣也可以，那樣也沒問題」來說服客戶。可是，房屋銷售員卻必須這樣說服客戶，並要持續強調：「那樣也不行，這樣會有問題」。

房屋銷售員的主要工作是落實客戶的夢想，而非擴大客戶的夢想。當他們如此向客戶說明建案而還能留住客戶，最終還能讓客戶認為：「真慶幸能住進這房子。幸好是委託你辦理」。唯有這樣的房屋銷售員，才能讓舊的客戶願意推薦新的客戶，維持頂尖的銷售業績。

該如何讓想要購買五千萬日圓住宅夢想的客戶，考慮清楚現實而購買兩千萬日圓的房子呢？首先，要讓客戶從購屋的夢想中，自行察覺什麼才是真正的重點以及必要的選項。這時，銷售員必須具備的就是「溝通力」。

房屋銷售員必備的溝通力

房屋銷售員一定要透過提問，徹底了解自己負責的客戶有什麼樣的家族成員、今後有怎樣的生涯規劃等等。由於這些問題會涉及客戶的隱私，因此如果彼此尚未建立信任關係，確實會讓客戶覺得不愉快。

優秀的銷售員會著重在傾聽，而不會極力推銷，說個不停。還要懂得適時地點頭回應，不斷穿插一些簡短的問題。必要時，懂得如何讓客人放棄也相當重要，「無法做的事就不要勉強」。

客戶見到銷售員的態度是這樣的話，通常會放心覺得：「這銷售員有好好在聽我說話」、「如果是這位銷售員，說些私人的事也無妨吧」而積極地敞開自己的心胸。

如果能靠提問建立信任關係，接下來還是要靠提問探知「在建設住宅時，對你自己而言，真正重要且絕不能讓步的部分是什麼？」、「你和家人想過什麼樣的生活，想建立什麼樣的家庭？」

如此看來，建商的頂尖銷售員可說必須兼具以下的溝通力：

「能理解、感同身受、慢慢和客戶站在同一立場，能不讓對方有不舒服感而問出各種資訊。甚至能提出一些包含小驚喜的問題，挖出客戶的潛在想法，或是提出給客戶帶來新鮮感、具創造性的問題。」

閒話家常並非毫無用處

順便提一下，房屋銷售員在與客戶談購屋計畫時，一定要掌握的就是該家庭的決策架構。

最後下決定說OK的是男主人？還是即使由男主人做決定，但主導權其實是在太太身上，能符合太太的意願，先生就容易答應？或是他也有自己的意見？

購買三代同堂的住宅時，有決定權的關鍵人物可能不是年輕夫婦，而是年長的一輩。特別是年長的老先生，若年輕時曾擔任公司高級主管、是優秀的白領階級且非常喜歡發號施令，最後的關鍵時刻往往會因為他的一句而全盤改變。

如果未能事先掌握好這些狀況，洽談會很難順利進行。

不過，業務員也不可以太直接問客戶的家人說：「誰在家裡最具有發言權？」或是「誰握有決定權？」

因此，有必要從閒話家常中，不著痕跡地探知家庭的權力關係架構。

舉例來說，當業務員提出「外出用餐通常去哪裡？」的閒聊話題。

如果對方的回答是「我們家每個月會一起去壽司屋用餐，那是爺爺從很久以前就偏愛的壽司店。」就可推知，年長一輩的老先生在這家庭中握有相當大的主導權。

如果回答是「便宜的家庭餐廳比較多！由於我們家的小孩還小，非常喜歡吃漢堡之類的速食。外出用餐那天，爺爺和奶奶就留在家裡看家。」由此可判斷這家庭的主導權在年輕夫婦身上。

當然只談外出用餐的話題，不可能全盤了解家庭的權力關係。業務員要從其他閒聊話題中，掌握家庭的決策權結構。

不能只單純地聽問題的回答，還有必要從對方回答問題時的表情、語氣、停頓、動作等來推測家庭成員間的關係與親密程度等。

優秀的銷售員不只要具有令對方主動敞開心房的溝通力，也要兼具從閒談中獲得訊息的能力。

1-6 具溝通力的人⑤ 擁有聽故事的能力

別人喃喃自語時，你會傾聽嗎？

首先請大家先閱讀下面的內容：

A：國王駕崩了。然後過沒多久，皇后也去世了。

B：國王駕崩了，然後因悲傷過度，皇后也去世了。

A、B都在描述同一件事。

A只在傳達國王駕崩後皇后去世的事實。然而從B的描述，我們可以清楚知道國王駕崩後皇后所處的狀況。「皇后在國王駕崩之後，一定是食不下嚥，足不出城，就這樣終日悲傷不已地直到離開人世。」（內容摘錄自齋藤清二、岸本寬史的《實證醫學的實踐》）

人在描述事物時，有像A說話方式的人，也有像B說話方式的人。

聽者也一樣。聆聽B說話時，有人只聽到事實陳述（就像A一樣），也有人會聽出內容涵蓋著豐富的故事情節且感同身受。

「能聽進對方的話到什麼程度？」將如實反映出溝通力與單純對話的差別。儘管對方的說話方式像上述的Ｂ一樣，如果你也只以完全狀況外的形式來理解對方「太過悲傷」的表達，那麼之後向對方提出的問題也會因為欠缺共鳴而變得膚淺、毫無內容吧！

說不定聆聽對方說故事的能力，正相當於「溝通力」的技術。因為從「提出問題的能力」，就可以知道你「解讀對方訊息的能力」。

不過，如果不能解讀對方的訊息，就無法回應適當的問題。因此，希望大家在磨練溝通力之前，先培養解讀對方訊息的能力。

以下另舉一個簡單的對話例子。

「這房間很熱耶……」

Ａ：「是啊！」

Ｂ：「要開空調嗎？」

Ａ是照字面的意思解讀對方所說的「這房間很熱耶……」，因此他的回答是「是啊！」而Ｂ則理解對方說「這房間很熱耶……」的意思是「希望房間變涼爽」，所以才回答說「要開空調嗎？」

若問A和B哪邊的對話才真正讀懂了對方的意思，當然是B囉！

在提升溝通力上，重要的是聽到某人說了些什麼時，能從對話的脈絡中讀取話中所涵蓋的訊息與想法。

希望大家不要忽略對方突然說出關於喜悅或悲傷、猶疑或不安、迷惑等的言詞，或是在言談中忽然出現嘆氣、停頓、微笑、困惑的表情。解讀這些細微的言詞或動作、表情，正是學會溝通力的關鍵所在。

前面曾提及建商的頂尖銷售員，就是能從客戶的言語或表情解讀出豐富意義的人。因此，他才能獲得客戶「將蓋房子的事交給這個人辦，絕對沒問題」的信任，而得以維持頂尖的業績。

手術前護士說的話

我曾因為某疾病住院兩個星期，同時動手術。那次的生病，使我深刻體認到「從對方的表情、言語的細節能敏感察知內心波動的重要」。

相信有過經驗的人，會和我有同樣的感受。對患者而言，動手術是很令人不安的事。這時，只要值得信任的醫生或護士說句溫馨的話，內心的感動真是無法用言語形容。

我的情況是，當時就有位中年護士對手術前、臉色發青的我關心地問：「冷嗎？」

「由於不習慣，我多少有點緊張。不過，沒關係。我想該做的事還是應該趁早做。」

「是啊！希望一次就能解決！別擔心，這位醫生很棒，是個好醫生，請放心。接下來要打麻醉，您沒打過腰椎麻醉針吧，不過沒關係喲！這是比點滴針還細的麻醉針。」

然後這位中年護士輕拍我的背，像是在鼓勵我說：「沒什麼好擔心的」。

這位中年護士好像完全看透我的心思，不停地鼓勵我。的確也因此撫平了我內心的種種不安，例如「好像是值得信任的醫生，但開刀技術真的沒問題嗎？」、「接下來會以什麼樣的流程開始動手術呢？」、「如果可能的話，真希望手術能趕快結束」。

雖然這家醫院很新，卻是一家相當有人氣的醫院。由於這位醫生是這方面的專家，具豐富的經驗和醫療實績，甚至有搭機慕名前來看診的患者。我深深覺得，正因為是在這樣醫生手下做事的護士，才會如此用心徹底了解病人的心情，想要好好溝通。醫院也和企業一樣，能創造出好的工作氛圍，而能做到這點的還是要靠醫生本身吧！

完全不考量患者的醫生

另一方面，我也曾在不同的醫院有過相反的經驗。

我以前曾因出車禍受傷而住院。我的座車被另一輛車衝撞翻覆。我的左手因此受重創，無法高舉。

當時前往整形外科做診療時，在還沒照X光之前，醫生就對我說：「你左手的肌腱受傷，有必要動手術，所以要立刻住院。」完全沒問我個人的意見。

此外，X光片的結果還沒出來，就指示我「要立刻住院」，殊不知我明天以後的行程滿檔。我的左手雖然無法高舉，但所幸的是右手完全沒事。所以，並非完全無法繼續正常的工作和生活。

我請求地說：「雖然知道很緊急，但明天之後我還有很多安排好的工作要做，是否可以過幾天再動手術呢？」

我認為這樣說，沒有特別無理的要求。我是一家名為「HR Institute」經營顧問公司的經營者。如果是經營者，優先考量的當然是公司或工作的事，而不是自己的病。不，不僅是經營者，凡是有責任心的上班族都是如此吧！

可是，醫生的態度很不親切，也沒有任何商量餘地。他什麼也不問，完全不考慮我的狀況。

X光片的結果，相當曖昧不明。雖然肌腱沒完全斷裂，但有受傷。醫生看了這結果，還以很強硬的語氣說：

「這是很緊急的重大傷害。總之，請從今天起開始住院。」

因此，我這麼應酬說：

「今天住院真的沒辦法。可否再觀察兩天。如果經過兩天，手可以往上抬，那不動手術也可以吧！」

對於我的堅持，醫生不得已回答說：「知道了，再觀察兩天也可以。」

結果如何呢？

在說定的兩天後，我的左手竟然可以往上抬了。再次到整形外科複診的我，在醫生的面前，高舉起左手讓他看說：「您瞧！」

醫生對這情況的反應，只回了一句「幸好」！

說不定我的情況是碰巧遇上一連串好運，就算不動手術，手部的傷也恢復正常。本來也有可能最恰當的處置是依照醫生的指示，立刻住院動手術。實際上，也有因敵不過患者的主張而讓患者回家，後來病情卻惡化的病例。

「儘管如此」。

即使是病人也有生活要過。以我來說，我還有工作，連專職主婦也有小孩或親人需要照顧。

即使病人可以理解必須住院動手術的事，心裡多少還是會有「要住多少天才可以出院？」、「手術的難度有多高？」、「要花多少錢？」等不安。患者都希望醫生能主動問「有什麼不安嗎？」更重要的是醫生應該讓病人看到他想要了解患者的態度。

我覺得，不只有我碰上的整形外科醫生是如此，還有不少醫生都不具備聆聽患者的事情與不安的心思。

醫術本來就講求仁心仁術。患者「生病與受傷」，當然也包括了他本身「生病與受傷」的生活背景……。

傾聽病人的敘事醫學

如今美國的醫界也不斷在反省醫生與病患的關係，因此「Narrative based medicine」的想法相當普及。「Narrative based medicine」一詞若直譯成中文，可說是「以病人的敘事為基礎的醫學」，即「敘事醫學」。

根據托里夏・格林罕（Trisha Greenhalgh）、布萊恩・哈威茲（Brian Hurwitz）編著的《敘事醫學：臨床上的對話與交談》（Narrative based medicine : dialogue and discourse in clinical practice）一書，「敘事醫學」據說是為了矯正過度實行實證醫學（Evidence-based Medicine）（以根據與資料為基礎的醫學）所產生的。

到目前為止的醫療現場，患者只被視為是具有某種病名的對象。至於患者在健康受到危害、發病之前的生活背景、心理狀態都不在考慮範圍內。

如前面引用過的例子：「國王駕崩了，然後因悲傷過度，皇后也去世了。」排除其中「因悲傷過度」的描述，就是醫界目前為止與患者之間互動往來的現狀。

不過，患者在看病時不只對醫生描述有關症狀的單純事實，多半還會描述與症狀相關的生活事情，如「總覺得自己好像吃太多了」或是「不知是否因最近太忙」。「敘事醫學」的思維就是要傾聽患者的描述。

換言之，相對於實證醫學只處理患者的疾病，「敘事醫學」則是對患者所抱持的問題進行「全人」的診療。

這樣的思維背景，是因為患者的人生與疾病密不可分的論點逐漸明朗化的緣故。例如，大家都知道，痛失子女的家屬罹患某些疾病或遭逢事故的機率比一般人高。

因此，醫生對剛失去愛子的患者有必要特別關注。因為傾聽患者描述人生，與疾病的預防或早期發現、早期治療、防止惡化有關。

在敘事醫學中，不會忽視患者任何細微的動作或語氣的變化。舉例來說，患者在問診中不自然地咳嗽。這聲咳嗽可能是在向醫生發出「不想中途結束談話」或是「希望注意這個部分」的訊息。

此外，閒聊也很重要。醫生問一句：「那麼妳先生好嗎？」就可以確定患者最近是否遭遇離婚、兒子受傷住院等狀況。閒聊成為掌握患者的生活或心理狀態的重要機會。

現今美國大學的醫學院有三成開設「醫療與文學」的課程，雖然只是選修科目。修讀文學課程有助於促進敘事醫學上講求的同理心、想像力及自我認識等。

敘事醫學可應用於所有狀況

傾聽對方的描述，不只是醫療現場才需要的特殊技術。

其他，如學校的老師必須傾聽學生說話，上司、業務員、經營管理顧問也必須傾聽部下、客戶及客戶的談話等。

敘事醫學的基本思想可應用於所有的溝通場合，而且也是必要的。

不過，即使不知道所謂的敘事醫學等用語，優秀的醫生、教師、經營管理顧問也可從一開始就自然地做到這點。

某位開業醫生的診所經常大排長龍。由於每天到訪的患者大約一〇〇到一四〇人不等，平均每位患者的候診時間是三小時，看診時間五分鐘。即使如此，據說患者還是不厭煩地一點也不想轉往其他醫院看診。

為何這家診所會這麼有人氣呢？

據說，這位醫生從患者一進入診間就開始看診。他會邊看患者的氣色、姿勢、走路方式等來推知患者有多不舒服。

病歷上也會記載，過去從患者身上聽到關於本人病情以外的內容，如父親血壓高所以很擔心等等。而在問診時會順道問一句「這段期間您父親的情況如何？」於是一下子就拉近彼此間的距離，患者開始打開心房，說起自己擔心的事、關於疾病的自覺症狀或是最近的狀態等。根據這樣的問題，了解患者生病背後的成因。

因此，這位醫生不只針對患者的疾病，連患者的身心狀態都確實掌握之後才做出治療。另一方面，患者對這位醫生的信任度也相當高。因此，即使等三個小時也想接受其診治的患者，絡繹不絕。

順帶一提，這位醫生一天要看一〇〇到一四〇位患者，不可能記住所有患者所說的事情。在問診時，他會先重看一下病歷，好讓患者過去所說的事情一口氣浮現在腦海裡。因此，可以一邊關心患者的事情，一邊進行對話。

就像醫生要記載病歷一樣，商業人士也多半會將商談或往來互動間所決定、檢討的事項記在記事本中。可是，幾乎沒有人會仔細傾聽上司、部屬、客戶的閒話家常，甚至將之記下來吧！

當然，我們不可能將所有的訊息記入記事本。可是，當對方做出令人在意的動作、表情，或是說出可略知其私生活一、二的話語時，就要記下來。勤做筆記對提升溝通力，絕對不是白費工夫。

擅長閱讀氣氛

讓客人開口要水喝就不合格

「KY」成為日本的流行語，即「不會讀氣氛」的簡稱。與人見面或出席會議時，有時會直覺覺得「這個人今天活力十足」或是「今天開會的氣氛很沉悶呢！」

具溝通力的人，也很擅長閱讀這些場合的氣氛。例如，「總覺得對方好像精神很緊繃，先從緩和對方情緒的問題開始吧！」、「今天對方的心情好像不錯，問有點深入的問題也沒關係吧！」可以根據對方所散發的氣息、場所的氛圍，隨機應變地調整問題的內容與方式。

能成為麗池．卡登飯店（The Ritz-Carlton Hotel）、北海道洞爺湖溫莎飯店（The Windsor Hotel）等具威望飯店的員工是相當了不起的。因為他們生存於要求嚴苛的環境，例如「身為飯店員工，如果讓客人問路就不合格」、「如果讓客人自行開口要水喝就不合格」等。

飯店員工必須靈敏地感受客人眼睛細微的轉動、呼吸的起伏、表情些微的變化、嘴唇的顫動、眼瞼閉上的速度與感覺、說話的速度……，無時無刻全神貫注地工作。

在客人自己說出「請給我一杯水」之前，就先讀出客人的需求說：「要給您一杯冷開水嗎？」這才可說是溝通力的終極表現吧！

優秀的侍酒師懂得閱讀氣氛

和飯店員工一樣，擅長閱讀氣氛的達人還有侍酒師。有位著名的侍酒師曾學習禪僧的走路方式。

客人一旦就座，就會產生獨特的氣氛。一對剛交往的年輕情侶和一對經過長年相處的夫婦，就座之後的餐桌氛圍完全不同。

上述那位侍酒師認為不該打擾這樣的餐桌氣氛。因此，據說當他得知有禪僧的走路方式不會讓神龕上的蠟燭產生任何搖晃時，就開始修練而學會了那種走路方式。

的確，優秀的侍酒師在服務時是不干擾客人的。因此，客戶不會察覺侍酒師的存在，而可以盡情享用酒品。

此外，侍酒師也不會輕忽這樣的餐桌氣氛，像是「這兩個人剛開始交往，感覺很生疏」、「在進行相當高水準的商談呢」、「這位男士今晚說不定會向女友求婚」。侍酒師也擅長向客戶不經意地問些簡單的問題，例如「今天工作忙嗎？」、「今天相當冷耶！」而從客戶的回答來讀取他們的身心狀態。

漫畫《美酒貴公子》（原作：城Akira、漫畫：甲斐谷忍、監修：崛賢一、集英社出版）中有這樣的場景。

在主角侍酒師工作的餐廳，有次出現一位剛從日本飛抵法國的旅客要求他說：「請推薦最適合現在我喝的葡萄酒」。

主角拿出來的是熱紅酒（Vin Chaud）。客人驚訝地問道：「這是用哪裡的葡萄酒調製的？」

主角回答說：「既然您都問了，這只不過是佐餐酒」。

主角從客人西裝褲上的縐褶與一頭亂髮推知，他剛結束長途旅行。疲憊不堪的胃和身體，並不適合一坐下來就先品嘗高級葡萄酒。因此，用熱紅酒（以便宜的佐餐酒調製的，但相當好喝）讓他先暖和身體。事實上，客人也很感動能喝到如此好喝的葡萄酒。

經常提供最高級的葡萄酒，並非最上等的待客之道。重要的是從客人的行為舉止或散發出來的氣息，感受他真正的需求是什麼。

即使是米其林餐廳的侍酒師，也非天天喝兩萬日圓以上的葡萄酒。有的侍酒師還喜歡喝「冰結 早摘檸檬」（譯注1）。能因應TPO（譯注2）將最適當的事物以歸零思考做組合的人，才是真正的專業人士。因為，侍酒師最重要的工作就是「觀察」。

據說，某侍酒師會從客戶一進門到就座的走路方式、速度來設定該推薦什麼樣的葡萄酒以及預設出餐的時機。不漏看任何動作的「觀察力」，是侍酒師溝通力的基礎。

希望大家是懂得閱讀氣氛的人。懂得閱讀氣氛的人就具有優秀的溝通力。而所謂的氣氛，有時是指問題的背景資料，有時則指顯示本質的東西。

譯注1：麒麟KIRIN啤酒生產的水果酒飲料。

譯注2：T是時間（Time）、P是地點（Place）、O是場合（Occasion）。

1-8 經營管理顧問的溝通力

商業專家就是提問專家

誠如上面的描述，具溝通力的人就是具有聆聽的態度，有時還能藉助敏銳的提問加深對方的信任，使對方積極敞開心房的能力。具溝通力的人也會視情況需要，藉由事實指出全貌，也可提出深入本質的問題。另外，也可以傾聽他人的故事，同時也可以讀出當時的氣氛。

我本身也從事經營管理顧問，有很多機會見到優秀的經營者或頂尖業務員、優秀的技術人員，他們一樣具有這樣的能力。

與優秀的經營者會面，可以發現他們的姿態都擺得很低，在說話之前一定會先好好閱讀現場的氣氛與瞭解經營管理顧問提問的目的。從自己的智庫裡拿出所知的答案。另一方面，會隨性地向經營管理顧問提出問題也是他們的特徵之一。

優秀的業務員樂於從業務員的角度積極地提問，讓經營管理顧問開口說話。當雙方談話談得很熱烈時，優秀的業務員會聰明地退讓，讓對方多發表意見。此外，將場面的氣氛維持在最適當的狀況。

所謂的商業專家就是提問專家。

經營管理顧問當然是商業專家中的專家，也必須是溝通力專家中的專家。之前已描述過，具溝通力的商業人士的六項條件，即「學會聆聽的態度」、「以敏銳的提問使對方感動」、「用事實來顯示全貌」、「具備讓對方積極敞開心房的能力」、「具有聽故事的能力」、「擅長閱讀氣氛」。此外，還有必要學會經營管理顧問的必備條件，那就是溝通力。如果能學會「經營管理顧問的溝通力」，可說就獲得了對任何工作與立場都有助益的溝通力。

那麼，「經營管理顧問的溝通力」究竟是指什麼呢？

經營管理顧問的溝通力① 假設力

我認為，經營管理顧問的溝通力是由以下三種能力所構成的。

首先是「假設力」。這是溝通力基本的基礎。

經營管理顧問在提問之前，一定會先建立假設。因此，可以提出深入重點的深度問題。而假設力就是著眼於大處思考整體與細部等眾多主軸，例如，整體該如何掌握、細部該如何思考、如何掌握因果關係、如何建立優先順位等，進而整理成為對自己有用的資訊的能力。

如果沒有假設，就只能提出無關緊要的問題。對無關緊要的問題，人們的回答只會是無關緊要的內容。

舉例來說，若對業績一直無法提升的業務部門的業務員問說：「究竟是怎麼一回事？」通常也只能聽到滿是藉口的回應，例如「喔，那個啊！真抱歉。」、「我也很努力，但就是沒辦法。」

倘若根據假設提出深入的問題，通常具有讓人深思的力量。

若問：「貴公司的主力商品在量販店通路的銷售應該很暢旺，但為何這一區量販店的業績卻比全國的平均銷售量還要少百分之二十？大家有想過是為什麼嗎？」業務員就不會以「就是沒辦法」來敷衍，而會拼命地想出理由。因此，具有深度的問題可促使對方深入思考，提高對方回答具有深度內容的機率。

當然如果對方真的什麼也沒想，問再有深度的問題，答案也會是無關緊要的內容吧！

不過，雖然無法說明得很明確，但如果對方真的察覺有什麼問題存在，說不定具有深入的問題會像一把勾子，勾出對方自我的潛在意識，產生自覺，進而開始以具有深度的言詞來編織出答案。

距今約十五年前，像這樣作為解決問題方法的邏輯思考，在日本相當受歡迎。若要清楚描述具邏輯思考的人的特徵，就是「可將事物做邏輯性整理，歸納出讓人容易理解的結論的人」吧！

一般人都不擅長邏輯思考，因為沒有孕育這種能力的環境。因此，現在對大部分的商業人士而言，鍛練邏輯思考能力是很重要的事。

不過，即使能運用邏輯思考歸納出容易理解的結論，如果內容不具深度或是一針見血，最終只不過就是「整理出來的漂亮資訊」而已。

為產生具深度的結論，就要以高水準來掌握事物。以寬宏、廣大、高瞻、具自我見解為主軸來整理分析出容易理解的內容，提出一針見血的問題，而導出具深度的結論。

因此，關鍵就在於假設力。

詳細內容將會在第二章中闡述。

經營管理顧問的溝通力② 本質力

二是「本質力」（譯注）。簡單地說，就是能讓對方說出或心想「對，就是你說的這樣」的能力。

提問就是「弄清本質」之意。所謂的「本質力」就是「能見化」現狀、「進行邏輯性整理」、「吸收消化」內容，最後將之濃縮為「一句話」的能力。

優秀的心理諮商師或精神科醫生，只要能傾聽病人（諮商者）的煩惱，就有解決他們心理問題的能力（當然也有必須以藥物治療的情形……。）不斷進行具同理心的提問，促進對方發揮「自淨作用」，以便能自行發現身陷失調狀態的根本原因，找出解決的頭緒。

和優秀的心理諮商師或精神科醫生一樣，優秀的經營管理顧問或上司也具有相同的能力。

譯注：本書提到「本質力」中的「本質」意指事物根本的性質或要素，而為了尋求事物的根本之能力就可稱為本質力。

你身邊不是也會有這樣的上司嗎？「一旦和他聊天，立刻就知道該如何釐清腦海裡混亂的思緒，確立自己的意見。」有如明鏡般的上司，會激勵你湧現無比的勇氣。這樣的上司一定具有充滿本質力的高溝通力。

理解提問效用的上司，即使下屬有問題來找他商量，他也絕不會先給答案。

「你自己怎麼想呢？」

「為何會想這麼做？」

「有沒有考慮過其他的可能性？」

「由於有點難以理解，能否試著將剛剛說過的話整理出三項要點呢！」

「換句話說，你的觀點是什麼？」

「若用一句話來形容，是什麼呢？」

這些問題的用意，就是要對方自行發現問題的本質所在。透過不斷的提問，讓對方從千頭萬緒的課題中理出真正的課題是什麼。豐田汽車標榜的「連問五次為什麼」，就是將探知問題根本原因的程序，簡單地以一句話來表現。這句話也可視為是本質力的工具。

前面已描述過的假設力與這裡的本質力，能發揮威力的場合，不只限於一對一的時候，像是開會等多數人聚集的場合也可以適用。

舉例來說，開會的主題是「業績為何一直無法提升？」擔任督導者的經營管理顧問與上司，要建立起督促成員將問題點彙整到某程度的架構，並運用各種架構工具，一邊進行整理統合，一邊深入挖掘。這些問題點是大家大概（差不多百分之八十）都知道、也感受得到的。可是，一旦經過整理、歸納為一句話之後，就會產生新的發現、深入的見解。這些就是釐清真正的原因與基本的解決想法的第一步。

通常進行3C（客戶、競爭、公司本身）與4P（商品、價格、通路、促銷）的整理，大概就可以了解業績一直無法提升的原因。不過，具本質力的提問，從整理階段就開始發揮威力。藉由深入因果關係、優先順位（比重）等新主軸，業績不振的理由立刻浮現，真正的原因也會逐漸顯現。本質力可說是向下挖掘事物，探索因果關係全貌的能力。

此外，應創造適當環境讓參與者、團隊成員具有共識地根據具本質力的問題來進行課題的系統化，探尋解決策略的核心，那麼就能找出真正具有效果的解決方案。

本質力既是探求真正原因的能力，也是為建立解決方案的基礎能力。也可以簡單地說是「總結一句話的能力」。即讓大家對「換言之……」、「總之……」、「以一句話來說……」的「……」部分具有同感的能力。

能以本質力為背景提出問題的人，大部分都會用到「換言之……」、「總而言之……」、「以一句話來說……」等口頭禪。

經營管理顧問的溝通力③ 編劇力

三是「編劇力」。

所謂的編劇力，就是編排問題程序的能力，即一邊了解大方向的流程，一邊針對問題程序的目的，向對方提出適當問題的能力。也可說是頭腦裡清晰的邏輯思考架構（框架），可以很快地理解並整理對方的回應，同時在對話脫離主題時做適當修正的能力。

原本經營管理顧問提問的最終目標，就是要敦促對方行動。經營管理顧問與上司是否握有好的提問編劇力的關鍵，就在於是否能讓對方透過提問而發現問題的本質與解決之道，在提問程序結束時處於有意圖要邁向新目標的狀態。

製片與導演對於電影、電視劇、音樂劇、戲劇、歌劇等作品的規模大小有很大的影

圖1-1 何謂經營管理顧問的溝通力？

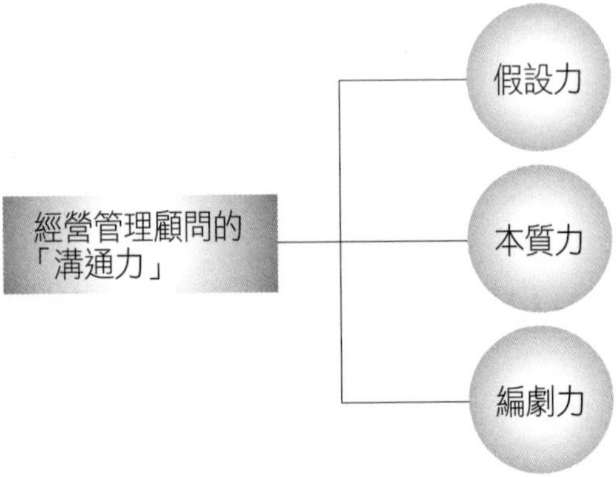

響。而作品品質本身，演員和劇作家的力量則很重要。即使是同一原著，作品的品質也會因為劇本的良莠、該劇本與演員的搭配而產生很大的改變。

所謂的編劇力就是決定作品品質的劇本力。如何好好捏塑出演員的個性，讓他們恰如其分表現台詞與肢體語言，這就要看編劇力。

即使充分建立了假設、進行了抓住本質的問題，也會因為提問順序的流程組合，以及能否與對方的個性與能力調合，而獲得不同的結果。

該以怎樣的用字遣詞、在什麼樣的時機、提出什麼樣的問題，這些都是提問編劇力的重點。如果具有編劇力，對方的自覺也會提高。編劇力也可說是使對方的理解程度更上一層樓的能力。

也就是理解「全貌」、站在適當的「位置」、將提問的「組合」最適當化、以「優秀的表現力」來「使對方起而行動」的能力。

第二章後將針對對經營管理顧問溝通力（如圖1-1）有很大助益的假設力（第二章）、本質力（第三章）以及編劇力（第四章）加以詳細說明。

第2章 沒有「假設力」，就沒有下一步

2-1 提問從事前搜尋建構的假設開始

如果沒建立假設……

建立假設是溝通力的基礎，也是大前提。沒有假設的問題，會成為臨時應付的提問，無法敲響對方的心。

這不僅適用於提問，也適用於所有的工作。沒有假設的工作，會成為漫無計畫的工作。當然，對經營管理顧問的工作來說，此一假設力是非常重要的。

簡單說明經營管理顧問的工作流程如下。

首先，確認客戶委託的計畫目的，以便所有團隊成員共同認知。其次是收集、整理分析資訊。然後尋求課題的系統化、設定目標。之後，建立基本概念與基本戰略，做成行動計畫。然後就進入實行階段。嗯，整個流程大概是這樣。

更重要的是，這一連串的作業要在假說建立之後才執行。即要獲得「問題的本質應在這裡」的假設答案後再進行計畫。

如果經營管理顧問未建立假說就開始執行工作，就會遇到一些意想不到的意外狀況。

首先，須進行龐大的資訊收集。訪問關係者時，要囊括所有想到的對象。關於提問項目，也有必要將想得到的項目全部問清楚。

在剛開始的階段，往往花太多時間整理好不容易收集到的龐大資訊，進行分析……，之後就不得不草草結束工作。

如今是講求速度的時代，這些狀況不只會出現在經營管理顧問的工作。大部分業績上揚的企業，都在導入假說驗證型經營方式。最具代表的例子就是伊勢丹、日本7-11、花王等。

假設可分為兩種。一是分析過去的資訊與資料之後所建立的假設。也可說是從過去與歷史學習「以過去~現在為主軸的假設」。一是從現在展望未來「以未來為主軸的假設」。而假說驗證型經營，則是從以過去~現在為主軸到以未來為主軸的假設來進行驗證。

日本7-11的店長和打工店員，並非訂購已暢銷的商品，而是訂購認為會暢銷的商品。而以認為會暢銷的商品是否真的會暢銷來驗證自己建立的假設。運用此一驗證後，再建立下次假設，訂購商品。藉由這樣的反覆操作來提升假設的精準度，因此可以走在市場變化之前而創造出市場。

事前蒐集次級資料

為了建立假設後能致力於工作，事前的蒐集工夫當然不可少。再怎麼說「等收集好資訊後再建立假設，就沒時間了」，但沒收集任何資訊就建立假設也是不行的。提問之際，事前的資訊收集當然變得很重要。

資訊可分為初級資料（一手資料，Primary data）和次級資料（二手資料，Secondary data）。而事前的蒐集是以次級資料為主。

所謂的次級資料包括書籍、報紙報導、雜誌報導、學術論文、統計資料、網路的各種訊息等一般公開性的資訊。

而第一手資料則是調查者為解決某一課題而自行調查、收集的資訊。調查者根據採訪所獲得的資訊就是第一手資料。由於第一手資料有調查目的的設定、調查設計、實際訪查、資料回收的必要，當然會花很多時間。

因此，進行事前的蒐集時，最好以次級資料的收集為主。而在建立假設、設定明確目標之後，再開始第一手資料的收集。一旦進入此一順序，就能有效地獲得已鎖定焦點的高品質資訊。

我在《經營管理顧問的「現場力」（日本PHP文庫）》中也提過，在進行新的計畫時我一次會購入三十本左右的相關書籍當作二手資料，並在一天內一口氣讀完。此外，在網路上檢索相關資訊時，也會集中花三個小時左右瀏覽。

一天讀三十本書，當然不可能每本都從頭到尾讀完。其實，只要翻一下書的目錄與前言、讀最初的幾頁，就可看出這本書對自己是否有幫助。還沒習慣時也許不容易分辨，但漸漸就可以培養出這樣的功力。

我都是這樣挑出幾本供參考的書，再仔細閱讀。然後一邊以書本和網路上獲得的資訊為基礎，一邊建立今後與我相關的業界、市場、企業的假設。

如果能從這樣的事前資料蒐集來建立假設，提問的品質當然會提升。

罹患大腸癌我所做的功課

其實，我以前曾得過大腸癌。當時我所做的努力，就是購買三十本關於大腸癌的書，一口氣讀完。

根據書本的知識，我充分掌握了關於大腸癌的症狀、原因、致病率、死亡率、治療方法（西醫、東方醫學、民間療法、食療）、醫院的排名、著名的醫生等訊息。

然後也建立了「現在自己的症狀是○○，應該是處於△期情況，適當的治療方法是□□。因此，最好在××醫院進行◎◎的手術。」的假設。

之後，便配合自己的假設，另外找醫生徵求第二意見。對於我的提問，該醫生的回答是「你十分冷靜地掌握自己的病況，對疾病的瞭解也很正確。聽清楚主治醫生的說明後，接受你所選擇的治療是最好的」。

如果能建立假設，訪談就不只是資訊收集的場所，也是檢驗假設的場所。由於我自己建立的假說獲得第二意見的醫生認同，因此內心已經確立了明確的治療方針。此外，建立假設之後就能鎖定提問的目的，如此從第二意見醫生獲得的訊息也會比較深入。

如果想磨練溝通力，建立假設的事前蒐集是絕對不可忽略的程序。

2-2 建立「提問樹狀圖」

邏輯樹狀圖的兩種類型

建立假設時，可以活用邏輯樹狀圖。

大家都知道，除了經營管理顧問業外，其他業界也常用到邏輯樹狀圖。因為就像樹木從軀幹分出枝葉般邏輯性的開展，將事物進行邏輯性分析後也可描繪成樹狀圖形。

舉例來說，分析一家因年輕職員離職率高而困擾不已的企業。這時，在樹木的軀幹部分（所謂的頂框Top box）置入想要解決的課題：「為提高年輕職員的留職率，該如何做才好？」就可分解出①重新檢視企業的願景、②改革上司的工作方式、③更新職場的氣氛、④改善人事的系統等議題，接著在枝葉的部分填入經過分類的提升留職率的方法。然後，在更細的分枝部分填入實現該方法的具體方法。

這時，要在同一水平枝幹填入課題與解決策略，而填寫的前提條件就是分類水準整齊且不遺漏、不重覆。換言之，就是要囊括大部分「提高年輕職員留職率的方法」，而且填寫的方法不重覆。如此根據樹狀圖，就可全面性綜觀足以解決問題的解決策略，並從包羅萬象的解決策略中選出最適當的策略。

順帶一提，現在提到的邏輯樹狀圖是從樹幹漸漸往外分枝的「分解型（Break down）」。另一種邏輯樹狀圖則是從很多分枝收攏為一個主幹的「建構型（Bottom up）」。（如圖2-1）

舉例來說，如果以建構型邏輯樹來思考「業績為何一直無法提升」的問題，就要先整理任何想得到的無法提升的原因。然後，將各個原因的共通點彙整起來，最後歸納成為一個結論。

由建構型與分解型組合的領結型圖

邏輯樹狀圖分為建構型與分解型，但我將兩者組合成「領結型」圖，並拿來活用。

經營管理顧問首先要依假設進行資訊的收集。然後，一邊整理分析收集來的資訊，一邊建立為解決課題的目標。進行此一作業時，不可欠缺的就是建構型邏輯樹狀圖。

圖2-1 領結型圖

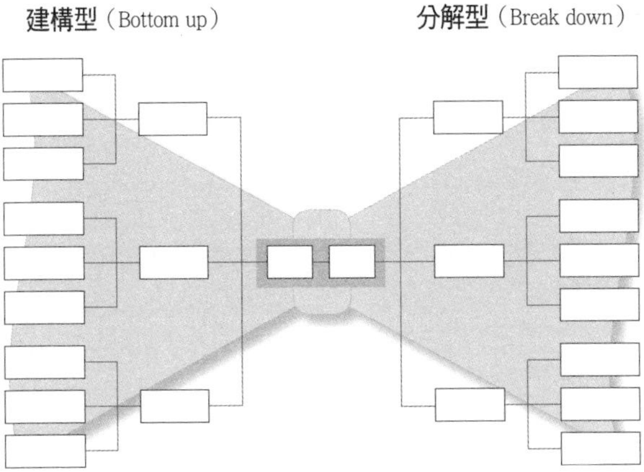

一旦建立了目標，接下來就要思考基本概念和基本戰略，並進入行動計畫。進行到這裡不可欠缺的則是分解型邏輯樹狀圖。

換言之，經營管理顧問的工作就是將零散的課題彙整成為一個明確的目標，然後進行企圖實現該目標的行動。換言之，就是先收攏再擴大的作業。因此，要運用領結型圖。

若根據領結型圖來建立假說，此一假設就必須透過訪談來進行驗證。或是從針對「提高年輕職員留職率的方法」所產生的幾個解決策略中，根據對第一線的年輕職員提出各種問題與意見調查，找出什麼是最恰當的解決策略。

有了提問樹狀圖，再進行訪談

經營管理顧問在進行訪談時，應該先訂定這次的訪談目的。然後，根據此一目的，針對從訪談對象可能打聽出的內容，如對方主要的興趣、關心點來建立假設。之後，再進入具體的提問項目。

在建立訪談主題、提問項目時，也可以運用領結型圖。首先查出問題，如「這次想問出什麼」、「可能會問出的問題」等，然後將這些項目依建構型邏輯樹圖從篩選項目中彙整出共通點來歸納出某個結論。那就是這次訪談的主題和主要目的。

建立「這次訪談的主題是○○」之後，就要思考與主題相關的具體提問項目。這時，要懂得運用分解型邏輯樹狀圖。以建構型邏輯樹狀圖整理出想要提問的內容的「主題群」來確立主題，並以分解型邏輯樹狀圖來進行提問的設計。如此才能在有限的訪談時間中提出聚焦的問題，而且不會毫無所獲。如此便可產生「提問樹狀圖」。（如圖2-2）

事前進行這些準備、逐一寫出提問項目後，才親自去訪談是很重要的。只不過，訪談是靈活的。一旦開始實際的訪談，說不定對方會談些完全不符合事前建立的假設的話，說不定會出現意料之外的訊息。

這時，可以做的事就是立刻根據邏輯樹狀圖重新建立假設、重擬提問樹狀圖。不過，當場一定沒時間寫在紙上，必須在腦中進行這項作業，而且必須立刻研擬出來。因此，平常就要進行實戰訓練。

圖2-2 提問樹狀圖的範例

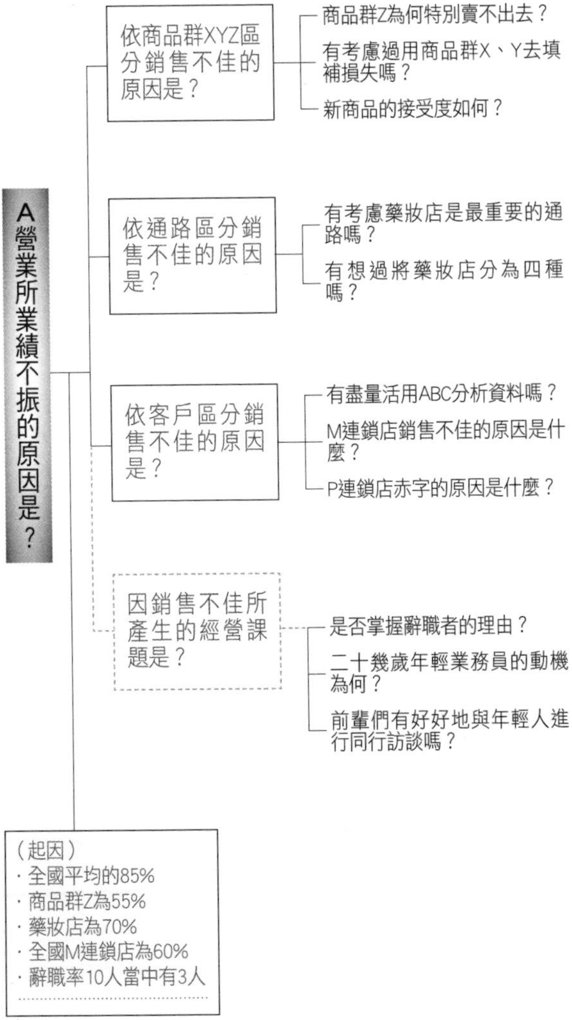
A營業所業績不振的原因是？
依商品群XYZ區分銷售不佳的原因是？
商品群Z為何特別賣不出去？
有考慮過用商品群X、Y去填補損失嗎？
新商品的接受度如何？
依通路區分銷售不佳的原因是？
有考慮藥妝店是最重要的通路嗎？
有想過將藥妝店分為四種嗎？
依客戶區分銷售不佳的原因是？
有盡量活用ABC分析資料嗎？
M連鎖店銷售不佳的原因是什麼？
P連鎖店赤字的原因是什麼？
因銷售不佳所產生的經營課題是？
是否掌握辭職者的理由？
二十幾歲年輕業務員的動機為何？
前輩們有好好地與年輕人進行同行訪談嗎？
（起因）
‧全國平均的85%
‧商品群Z為55%
‧藥妝店為70%
‧全國M連鎖店為60%
‧辭職率10人當中有3人

2-3 認清狀況，因應場合進行提問

訪談要懂得靈活變通

人一聚集就出現場景，一旦出現場景就會產生氛圍。

有趣的是，即使相同的一群人聚集在同一場所，也未必會產生同樣的氛圍。

舉例來說，劇團的公演期間都是幾天到一個月前後（雖然也有像四季劇團的「CATS」般長期公演而未設期限的情況）因此同一演員，即使是在相同的場景表演同樣的台詞，其演出的氣氛也會因演出日期的不同而有差異。此外，受舞台醞釀的氣氛影響，觀眾也會因不同的日期而有不一樣的反應。而演員受到觀眾反應的影響，又改變了舞台的氣氛……。

舞台就是如此活生生的。而這種感覺，正是戲劇、音樂劇、歌劇的醍醐味。

站在舞台上的相聲演員也一樣。即使面對觀眾連珠炮似地說個不停時，心裡還是會隨時注意搭檔的演員：

A：咦！今天的你，有點奇怪。反應老是慢半拍。

B：身體覺得不舒服。因此不太能掌握節奏。

A：了解。那麼今天我就多說一點罩你。這樣的話，觀眾也不會發現吧！

B：抱歉。謝謝幫忙。

無言的溝通總是無時無刻在上演。優秀的相聲拍檔很會閱讀表演場合的氣氛，並配合氣氛進行修正。

經營管理顧問進行的訪談與傾聽，也和演戲、說相聲一樣，是無法重來的現場演出。到目前為止，我已在各式各樣的場合進行過訪談，其氣氛會因公司不同而不一樣。即使是同一家公司的同一人物，有時也會因為主題和訪談日的不同而醞釀出完全不一樣的氣氛。即使在建立假說之後，根據提問樹狀圖準備好提問項目，有時也不得不配合當時的狀況而改變。

訪談和演戲一樣，也是靈活的。而這就是訪談的醍醐味吧！

認清狀況，一分鐘內分勝負

現場的氣氛和平常不同或是和預想的不一樣時，最重要的就是盡快掌握當時的氣氛，並立刻建立「今天這個空間的氣氛是〇〇」的假設。換言之，就是要具備「認清狀況的能力」。

如果能掌握氣氛，才能看出在該狀況下該採取什麼樣的舉動、進行什麼樣的提問。也因此才能自如地掌控狀況。

在甲子園初戰敗陣下來的高中棒球選手，於賽後的採訪中如此描述感想：「還未能發揮我們的打球實力，比賽就結束了」。意指未能掌握甲子園獨特的氛圍，因此慌了手腳。若是慌了手腳，就不可能掌握比賽的主導權。

在訪談或傾聽時，最初的一分鐘是認清狀況的關鍵所在。

雖然氛圍會因屋內的設計、採光、當天的天氣與溫度等有所變化，但影響最大的還是「人」。

對面的對象是什麼樣的人？是否理解這次的訪談目的？是來協助自己的嗎？最好從什麼樣的程度開始交談？可以直接問抽象的問題嗎？還是一開始問些具體的問題，慢慢再問深入一點的問題等……。

此外，自己與對方說話的比例也很重要。如果對方從一開始就說些有重點、具本質的內容，自己就要盡量克制說話的比例，最好是對方占七成，自己占三成。不過，如果對方採取退守的態度，那麼在對方往前進一步之前，就有必要將自己說話的比重稍微提高一點，變成六成對四成左右。

根據我的經驗，對方和自己的說話比例，大概維持在百分之六十五對三十五左右最為平衡。一旦變成百分之五十對五十，就不知道是誰在進行訪談，當然NG。如果交談的比例是百分之八十對二十，會演變成只有對方滔滔不絕，訪談的程序也會失控。

最好邊觀察對方的表情、口氣、接受度等，在最初的一分鐘建立假設，然後再進入正題。

如果最初的一分鐘認清狀況失敗的話，會變成彼此並非站在同一立場就開始進行主要目的的訪談。不投機的一問一答，只會擴大「總覺得談話不契合」的差距感。如此一來，訪談就會完全失敗。

訪談最重要的時間點就是最初的一分鐘，在這時間點必須集中投注最大的精神。

瞬間的判斷，改變當場的氣氛

介紹一則發生在我自己身上的小故事來說明，最初一分鐘認清狀況的重要性。

這是我擔任某代表日本的大型企業的經營管理顧問，為確立該企業理念的目的時發生的事。在這樣的經營管理工作中必須掌握的重要關鍵就是，公司高層如何思考公司將來的願景。因此，請員工幫我安排訪問社長的機會。

由於時間有限，我打算一開始就開門見山地問：「請問社長是否有思考公司今後的願景，以及該用什麼的訊息來傳達願景嗎？」

不過，總覺得屋裡的氣氛很怪。負責敲定這次訪談的經營企畫室員工，不知為何表情緊繃。

我心想：「該不會……」

照理該員工應該先向社長好好簡報過這次的訪談。但社長就座時也是一副奇怪的表情，不太搭理的樣子。

該不會是經營企畫室的員工沒向社長充分做說明吧！因此才一副戰戰兢兢的模樣，深怕社長事後會責罵說：「那訪談是什麼玩意！」

從事經營管理顧問，有時會碰上這種情況。以前對某客戶的現場負責人進行個別深入訪談時也是如此。由於負責人未事先對現場負責人說清楚訪談的目的與提問項目，對方乾脆採取不合作態度。

經營管理顧問必須對事業和商品的內情，打破砂鍋問到底。如果沒充分傳達這樣的意圖，現場負責人難免會有「為何連這樣的事，我都必須告訴你」的想法。

我研判「這次的社長訪談和那次是同一狀況的可能性很高」。

因此，我當機立斷停止單刀直入的提問，先表明自己是誰、來做什麼，並向社長說明這次計畫的目的與訪談的主旨，還有到目前為止計畫團隊已建立的假設。

「觀察貴公司的現狀，可以發現似乎是事業的學習歷程戰略有問題。其主要原因有兩點，即事業的收益不透明，以及各事業體負責人的眼光僅重視自己單位的成就，缺乏適合整體志向觀點。這樣不論任何事業都無法發揮卓越競爭力，不是嗎？我認為，為打破現狀，將貴公司經營資源果斷處理為明確的企業理念，並以此為基礎，再建構經營戰略的時期來臨了。」

經過這樣的說明，社長笑笑地回答說：

「在這麼短的期間，你們就替我們建立了找出本質的假設。的確，本公司目前正面臨很大的轉捩點，前途茫然。我本身也無法對員工發出強烈的訊息。請助我們一臂之力來確立本公司的企業理念。」

經營企畫室的員工瞬間露出放心的表情，屋內的氣氛也變得很平和。之後的訪談更不用說，很快就從社長嘴中探知各式各樣的訊息。

如果我一開始就忽略這狀況，照當初的預定直截了當地提問……。恐怕訪談就不會成功了。

因此，在提問之前先「閱讀場合」是非常重要的事。

2-4 以「零基」重建提問

能一邊假設，一邊捨棄假設嗎？

到目前為止，我都在談論先建立假設再進行提問的重要性。

重視提問的訪談，並非單純的資訊收集場所，也是檢驗假說的場所。

專業的經營管理顧問一定是建立「這公司處於○○的狀況，應該具有△△與□□的課題。而其本質為××，可想到的解決策略有○△與△×兩種。」的假設之後，再去傾聽客戶的意見。如同上述，認清場合的狀況後再向對方提出提問，並根據其回答來驗證自己建立的假設是否正確。

此外，在訪談時像這樣建立關於提問項目的假設也很重要：「由於這個人有△△的問題意識，可能有□□的訊息。這次就以××為焦點進行提問吧！」據此鎖定目的來進行提問是可能的。

只不過在實際的訪談中，或許對方會開始說些與事前建立的假設完全不同的內容，不想積極回答已準備好的問題。這時，要立刻在腦海裡重建假設，改寫提問項目。

建立假設固然重要，但也要避免太執著於假設。假設始終只不過是一種線索，為了找到「真正答案」的「假設性答案」。

但實踐這點，看似簡單其實很難。

舉例來說，一位有氣喘宿疾的患者來看病。他向醫生訴說：「醫生，我最近氣喘的老毛病好像變嚴重，老覺得呼吸困難！」

大部分的醫生會判斷為「這陣子的氣溫下降，因此你會明顯感到氣喘的老毛病變嚴重。」事實上對大部分的氣喘病例，這樣的判斷應該無誤。

不過，患者呼吸困難也有可能不是因為氣喘，而是潛藏著其他嚴重的疾病，雖然這樣的病例不多。

唯有能排除偏見的醫生，才能判斷出如此稀少的病例。醫生若是固有觀念強烈，很容易著眼在自己想像、經驗過的事物，而無法下意識地思考意料之外的事。如果不斷碰到類似症狀的患者用類似藥物復元的情況，更是如此。

此外，也常有這樣的例子。患者回去時突然說一句：「胸口曾經有點抽痛」，護士覺得不對勁而告訴醫生，但醫生卻沒在意而未能發現患者罹患重大疾病。

這種狀況不只發生在醫生的身上。老師對學生、業務員對客戶、警察對罪犯，也容易著眼在自己所想的事物上，而無法下意識地思考意料之外的事。

一邊建立假設，一邊也要懂得捨棄假設。能做到這點的人非常少。因為一旦貼上標籤，往往就很難撕得掉。

不了解主題時，仍可做出優秀訪談

曾在二〇〇一年埃德蒙頓和二〇〇五年赫爾辛基的世界田徑錦標賽上獲得男子四百公尺跨欄銅牌的為末大，某次接受訪談時敘述了相當有意思的內容。由於內容有點長，以下引用其中一段。

受制於固有觀念的可怕之處，在世界田徑錦標賽中也看得到。我們的世界也存在著記載『起跑時的姿勢應該這樣』的教科書。不過，以前是常識，但到了下個世代就被顛覆的情況，已經發生過無數次。例如，現在是『起跑時，前腳與後腳之間不要有空隙比較好』，但以前的常規是「間隔大一點比較好」。一旦出現打破常規而創造紀錄的選手，該選手的方法就成為新的常規。這樣的情況不斷上演。（中間省略）就算原本思考具彈性的人，只要稍微輕乎資訊，受困於先入為主的觀念，在自滿驕傲的瞬間，就會變成不知變通的人。找出正確的方法固然重要，但當你認為『一定是這樣』時，就是失敗的開始。唯有認清現實、不斷致力於思考的人，才能經常保持具彈性的思考……

《文藏》二〇〇七年四月號（日本PHP文庫）

為末大是難得一見的世界級運動選手，他沒有專屬教練，全靠自己決定練習方法、練習量和參賽計畫。正因為他是這樣的運動員，所以不會受限於常規和先入為主的觀念，而能充分運用自己的頭腦想出最適用於自己的訓練方法。

在此想介紹某位名人所說的話。那就是美國的名嘴代表、CNN招牌節目「賴瑞金現場訪問」（Larry King Live）主持人賴瑞金。

他曾表示「對訪談主題不具知識時，就能做出最優秀的訪談」。

這並非「無知者可以做出良好的訪談」的意思。

像賴瑞金這樣在報導第一線工作長達半世紀之久的人，不論遇到任何話題一定會有基本知識。唯有將這些基本知識隱藏起來、純粹從知性、好奇心與對方互動時，才能做出真正傑出的訪談。

回答不在假設的延伸範圍時，採用零基思考

細細品味為末大與賴瑞金所說的話，不就是「以零基（Zeor base）思考來思考事物」、「有時必須將完成的假設回復成為白紙」的道理！

拆掉既存的架構，看清本質是什麼，從零建構思考。不同於高度經濟成長期，在過去成功的經驗未必成為未來的成功實例的現在，這是必要的思考法則。

只不過，我不認為任何時刻都應以零基思考來思考事物。如果醫生對所有患者都捨棄推測而從零開始診斷，那麼我們每次感冒都得接受精密檢查。這是非常沒效率的事。

大部分的案例都是以經驗與知識為基礎來建立假設，再根據該假設下判斷。

當大家都認為「到目前為止的延伸範圍內未出現答案」、「老舊思想裡找不出解決策略」時，就有必要以零基思考來建構假設。

通常是先有假設後再訪談。不過，當對方對提問的回答，某部分不符自己已建立的假設，或是真正的回答似乎不在已建立假設的延伸範圍內時，就有必要採取零基思考。

「總覺得跳脫了主軸」、「交談得並不順利」等，在提問之際這些感覺很重要。要判斷究竟是該就這樣進行假設，或是該全部歸零呢？多半是很微妙的。這時，就非常需要從小事的累積而察覺出矛盾的嗅覺。應事先學習這樣的感覺、嗅覺及對事物的看法，以防再次失敗。

零基思考要靠平常的鍛鍊

訪談是講究適應性的行為。如果對方有所回應，這邊也一定要立刻回應。因此，不習慣的人在訪談中途若想切換為零基思考，就會誠如文字的描述，腦袋是一片空白，一點也想不起來接下來該問什麼。

因此重要的是，不只是提問的場合，平常就必須鍛練以零基思考的能力。

舉例來說，對某個問題怎麼也想不到解決辦法時，通常是因為意識過於集中該問題而使視野變窄了。因此要零基思考，試探是否能從其他觀點切入問題。或是在進行重大決定前，試著零基思考，驗證一下該決定是否沒錯、是否有完全不同的想法。

為了進行零基思考，有必要打破到目前為止的思考架構，從平常就養成重新審視固有觀念的勇氣與習慣。因此，要試著去質疑到目前為止在業界與公司積習已久的常識。此外，也要試著想想，如自己離職後站在不同的立場，會有怎樣的想法？具體而言，最好是不斷演練「若是○○君會怎樣思考？」、「另外，△△君會怎樣想？」。

有句話說「日本的常識就是世界的非常識」，自以為是常識的概念，若從不同世界的觀點來看根本不能算是常識的情況，並不在少數。跳脫自己所屬團體的常識，就會發現「自己是在多麼狹隘的世界中思考事物」。

經常以零基思考意識提出問題，從有點「生澀的聲音」、「動作」角度切入，就會有「咦，怎麼感覺走向不一樣」、「該不會是完全不一樣的假設」等重大的發現。

而零基思考最重要的就是練就看透本質的能力吧！如果具有看透本質的能力，就可以該本質為基礎來建立新的假設，組織建立提問。關於本質力，將於第三章中詳述。

2-5 能使對方敞開心房的問話術

心理諮商的基礎是「傾聽」與「共鳴」

除了經營管理顧問外，我所能想到特別需要「溝通力」的職業就是「心理諮商師」。在心理諮商業界有兩個關鍵字就是「傾聽」與「共鳴」。

所謂的傾聽就是熱心聆聽對方所說的話。諮商師必須集中精神傾聽客戶（諮商者）想什麼，以什麼樣的用語來表現他所想的事情。

這時，不可要求對方說「由於聽不太懂，請說重點」或是「先從結論談起」等等。總之，一定要傾聽對方心中的話，並產生共鳴。

在商業世界中，上司為讓部下學會邏輯思考，最重要的就是要對方徹底採取「先說結論，然後分三點敘述理由」。但心理諮商講究的並非學會邏輯思考，而是讓客戶主動說話，吐出積存在心裡的「殘渣」。讓客戶從吐露的言語中漸漸整理自我的情緒，解開糾結在一起的纏繩。有時，前來諮商者也會因此發現無法以言語好好表達的本質性問題。這就是進行心理諮商的重要目的。

心理諮商師的態度，應該是讓對方容易開口說話。如果有必要花時間，就耐心等待下一句。讓對方感覺放心：「這個人很值得信賴，我可以好好說自己想說的話。」

另一個就是「共鳴」。所謂的共鳴就是拋開自己的價值判斷，就這樣接受對方的感情、意見、解釋。

內心有煩惱的人，看待事物的視野多半狹隘。從第三者觀點來看，往往會覺得「這是你個人的看法吧！」或是「這個解釋並不實際。」

不過，即使當事人看待事物的方法有偏見，但他正深受痛苦卻是不爭的事實。因此，要適時表達共鳴說：「啊，現在你一定很痛苦吧！」、「你一定很憂鬱吧！」

掌握客戶的專業術語、思考模式

為何提及心理諮商專業術語，因為即使經營管理也不可欠缺「傾聽」與「共鳴」。

舉例來說，在計畫剛開始時即能傾聽與產生共鳴，即使是關係淺薄的客戶也會一開始就很放心。如此就可從不安、憤怒、孤獨感獲得解放，冷靜地凝視自己，站在解決問題的入口。

經營管理顧問的工作，原本就是從徹底了解客戶開始。之前已提過，在一天當中一口氣閱讀三十本相關的書籍，因為這對於了解該企業、業界、競爭對手的狀況與動向是非常重要的。

藉由閱讀不但能充分了解企業、業界的獨特術語，還能掌握業內、公司內的常識，以及其思考模式。當然金融業、娛樂業與汽車業的用語、常識與思考模式都不一樣。學會業界的專業用語、常識與思考模式，就可與客戶站在同一立場上說話。

然後是傾聽與共鳴。

前面已描述，世上的確會有無法將自己所想的事傳達給對方的人，也有不太想說自己的事的人。透過傾聽與產生共鳴可創造出讓人容易說話的氛圍，引發對方說話，篩選出對方持有的課題。

傾聽時應站在對方的立場，不以先入為主的觀念聽對方說話。不受困於表面的話語，用心去聽對方真正想說什麼。此外，要注意讀取未表現在言語中的訊息。

共鳴並非評價或否定對方說的話，而是以友好的態度接納對方的感覺，另外在恰當之處用力點頭、隨聲附和，讓對方輕鬆地說下去。

這時，熟知業界與公司用語就很有用。經營管理顧問會從對方使用的言語中找出自己可以使用的用語，並運用該用語進行適當的提問，然後整理對方的話，從中取出精華，重新下解釋。換言之，就是一邊沿用對方的思考架構，一邊整理說話的內容。

若即若離的「靈魂出竅」技巧

經營管理顧問提問的目的，不只是整理客戶所持有的問題。在整理之後還要探求本質，最好讓對方自行發現該怎樣做、做些什麼，且與主體性行動相關。另外，還講求更上一層樓，將客戶向上提升。

因此，經營管理顧問必備的能力就是一邊與客戶有所共鳴，一邊從綜觀立場來觀看客戶的狀況。

經常有客戶對我表示：「野口先生，當我們認為您非常站在我們這邊發言時，您又會突然採取把我們推開的態度。」這就是我一邊與客戶產生強烈的共鳴，一邊又站在客觀的角度，輔助他們更上一層樓的態度。

我將之稱為「靈魂出竅」。

根據曾有過瀕死經驗的人的報告，人在認為自己已死亡的瞬間，意識會脫離肉體。而脫離的意識會在房間的天花板上俯瞰自己已死亡的肉體。

經營管理顧問對客戶的服務也一樣。非常了解客戶的狀況，也會產生共鳴，可說是與客戶同心一體。但另一方面，也會以靈魂出竅方式持有第三者的觀點。

一旦靈魂出竅，就可看清客戶是受困於狹隘的思考架構。

因此，經營管理顧問會一邊使用具效果、貼近業者的語言（公司與業界獨特的用語）一邊提出讓他們能有新發現與自覺的問題。如此可將客戶拉出「井底之蛙」的狀態，而往更高一層樓的方向提升。

讓客戶有所自覺的「誘導」型提問

這時，有必要進行「誘導」型提問。

為讓大家容易了解何謂「誘導」型提問，以先前提過的「購屋」為例吧！

人們在購屋時，容易只著眼於「設計（外觀）」、「內部設計裝璜」、「性能和機能」、「價格」、「業務員的品質」等，而多半忽略庭院、外牆等「外在環境」。如今喜歡庭院的人增加，也注重隱私。因此，外在環境成為購屋時必須考量的條件之一。

假使我是房屋仲介，去找一位正在考慮要購屋的太太談細節。這位太太只著眼於外觀的設計、內部裝潢、性能，而在交談中完全沒提到外在環境。換句話說，外在環境不在她的思考範圍內。

碰到這種情況，我會這樣向這位太太提出「誘導」型的提問。

「對了，您想在庭院種什麼樣的樹？是落葉樹？還是針葉樹？我覺得會長出漂亮的花的落葉樹山茱萸（dogwood），可以美化住宅的外在環境。」

這位太太應該是因為這個提問，才突然意識到漏了外在環境。一經提起，才發現庭院、樹木、花草、泥土、草坪、圍牆、大門等是蓋房子時不可欠缺的要素。一認真起來的太太，真的開始考慮要如何規劃外在環境。

這就是「誘導」型提問。

是否能提出「誘導」型提問，會完全影響經營管理顧問讓人信任的程度。此外，解決問題與目標達成的水準也完全不一樣。

這樣的提問除了要熟知客戶的狀況外，同時也必須站在更高的視野才能做到。因此，有必要靈魂出竅。

沒有假設力，就沒有「誘導」型提問

一旦進行訪談，以往只會斷斷續續說話的人，會突然以某種節奏開始侃侃而談。這是因為訪談者進行「誘導」型提問，正中對方的要點。

那麼，能與不能進行誘導型提問的人有何不同呢？

關於這點，我認為關鍵就在假設力。

為了引出對方的好奇心、為了讓對方產生自覺的誘導型提問，就是比對方現在所在位置還要更早一步的提問。跑太前面的提問會失敗，太過基本的也不行。本田的藤澤武夫曾說過一句很重要的話：「解讀要早三步，討論要早兩步，行動要早一步。」

舉例來說，假設眼前有位退休後才開始培養拉大提琴興趣的中年男子。如果你問他：「你演奏的大提琴很貴嗎？」說不定會讓他楞住，而認為「無法和這個人談音樂」。如此單純的提問，無法引出對方的好奇心。

即使問「巴哈的〈D大調第六號無伴奏大提琴組曲〉該怎樣才能演奏得好呢？」對方也會啞口無言吧！因此，不要問過頭了。順帶一提，這首曲子可說是難曲中的難曲，即使是一般水準的專業大提琴手也不容易演奏得好。而退休後的中年男子更不可能演奏自如。

因此，想要引出對方的好奇心，一定要能提出比對方所站位置早一步的問題。當然，如果問的問題有考慮到對方的立場，說不定對方還會語帶感情地回答。不過，如果想要對方自覺發現什麼，就有必要進行早一步的提問。如同上述的例子，讓正在檢討購屋的太太發現外在環境的重要，也是因為進行了早一步的誘導型提問。

為進行早一步的誘導型提問，一定要先收集分析資訊，建立有關對方在那個範圍內立場的假設。然後在進行各式各樣的提問中，探尋對方在知識的豐富度、興趣關心的方向性等的位置。然後建立所謂的「這裡就是重點」的假設，向對方提出誘導型的提問。

舉例來說，我們來思考一下「與業績不佳的A營業所所長，製作探究業績不佳的原因與解決策略的假設」的案例吧！

經營管理顧問：若與全公司平均值相比較，A營業所的P商品銷售率似乎偏低。由於P商品是客製化的商品，所以有必要強化經營管理能力，您覺得如何？

A所長：本所年輕的業務員眾多，商品知識不足，因此還未獲得客戶的信任。

經營管理顧問：若是這樣，可以考慮兩大方向，即為增加P商品的銷量，盡早強化年輕業務員的教育，或是努力增加不需要客製化的Q商品銷量，如何呢？

A所長：兩方面都想做，但現實上還是增加Q商品的銷量。其實，本所在全國的平均當中也是Q商品的銷售率較高，因此……。

其實，不是這麼簡單的事。但上述使A所長正視P商品的提問就是誘導型的提問，而由他本人產生具體的解決策略。

經營管理顧問在事前即分析A營業所的銷售結構，而建立了假設，因此可以進行「誘導型」提問。

分別運用具體與抽象的提問

能進行「誘導型」提問的人就是懂得運用不同提問的人。提問也可以分成好幾種。

例如，「封閉式問題」與「開放式問題」。所謂的封閉式問題就是「同樣價格的車子，要選擇燃料費便宜的呢？還是選擇性能好的呢？」提出讓對方選擇A或B的提問。而所謂的開放式問題就是「你選車時重視的是什麼？」使對方自由作答的問題。

此外，提問也可分為「具體的提問」與「抽象的提問」。例如，「今天幾點起床？」是對方不用思考也可以回答的問題，但「對你而言，幸福是什麼呢？」就是可讓對方充分思考的抽象提問。

其他，還可以分為問「什麼」的「今天開會的主題是什麼？」，問「為何」的「為何有必要開會？」或是「何時」、「與誰」、「怎樣」、「舉例來說」等，也就是所謂的5W2H的提問。

進行提問時，理論上應該從對方容易回答的具體提問與封閉式問題切入。

當對方在回答易於回應的提問，可漸漸自行釐清對該主題的意識，甚至一併進行抽象提問的回答準備。而經營管理顧問也可藉此看出對方的特性，例如「這個人是用這樣的思考方式啊！」、「知識與資訊量是這樣的水準啊！」換言之，可以因此建立假設。

經過數次具體的提問、封閉式問題加溫，慢慢製造出專業的氣氛，而產生「我也很了解你喲！」、「我也是有專業的知識喲！」的感覺。之後，若能即時丟出抽象的提問，對方回答具分量內容的可能性，相對也會提高。以這樣的方式，就算是抽象的提問也能變成誘導型提問。

具體的、具體的，然後是抽象的提問。從對此一抽象提問的回答得到的提示中，提出更具體的、抽象的提問。根據這樣不斷的反覆而製造出更深、更高、更廣的情境，慢慢提升抽象度。像這樣利用具體與抽象的提問，就可以創造好的情境，獲得好的資訊，也可以建立良好的關係。

一下子就進行本質提問的方法

只不過，當對方對主題的問題意識、專門知識很深，訪談者也掌握到關於主題的本質時，也有一下子就進入本質且抽象度高的提問方法。

從本質且抽象度高的提問開始，訪談者要先向對方顯示自己的水準，例如「關於這個問題，我已知道這樣，另外關於這個問題已建立這樣的假設」。以表示自己可以在同一水準的情況下對話，拉近與對方的距離。

然後開始切入本質的提問。這就是使對方的意識覺醒——「今天似乎是相當有反應的訪談呢！」的誘導型提問。

非常擅長運用此一手法的訪談者就是記者立花隆。以下引用收錄在對談集《千禧年科學》（日本中公文庫）中，他與崛田凱樹的一段對談。

立花：人類基因組計畫（Human Genome Project）剛開始時，在美國曾引起如果成功解讀出特定的基因，是否能給予專利權的爭議。後來好像演變成如果日本不在意美國就會取得全部的專利權的議題（中間省略）。我之所以覺得那樣很奇怪，是因為專利本來就是針對發明的授權，而不是給發現的授權啊！

崛田：沒錯。

立花：何況如果對象是基因，那是全人類的共有財產。如果解讀出其中一部分，就

嚷嚷說「這是我的專利」，那不是很荒謬嗎。（笑）

崛田：所以，我認為那是美國的自私行為。

崛田凱樹當過國立遺傳學研究所所長，也是日本具代表性的基因學研究專家。面對崛田這位專家，立花盡自己所知地提起人類基因組計畫剛開始時在美國與日本掀起的爭議。他坦白表示「我對於這問題的了解是這樣」。之後又明確說出自己的意見（假設）：「我之所以覺得那樣很奇怪，是因為專利本來就是針對發明的授權，而不是給發現的授權啊！」來引發崛田的同意。

立花在進行對談前，應該就已經知道崛田對美國的態度是批判的。因此，藉由先說出自己也和崛田持相同的意見（假設），在第一階段就成功地與崛田站在同一立場。

經常有人評價立花是「可將很難的尖端科學研究，通俗地介紹給一般大眾的記者」，這是因為他能將科學本質以簡單詞彙向我們表達的緣故。

當然立花隆本身相當用功，才能向專家提出高水準的提問。他還具備將高度的專門知識消化為可以理解的知識。因此，才可以向專家直接提出簡單且具本質性的假設。

只不過，初出茅蘆的經營管理顧問與商業人士，如果想像立花隆那樣，唯有徹底地不斷進行從知識與資訊建立假設的訓練，而且要磨練出看清本質的能力。

2-6 以承諾力進入對方的心坎裡

如果假設有魄力且有考慮對方立場時，就會增加假設的「說服力」。以具說服力的假設為基礎提出的問題，就會打動對方且更容易趨近本質。

那麼，該如何作出具有說服力的假設呢？其原點就是製作假設的前提——對客戶與計畫的「承諾」（Commitment）。最後所要談的與構成溝通力的假設力相關的能力，就是「承諾力」。

高恩所說的「承諾」

在日本商業界之所以頻繁使用「承諾」一詞，起因於一九九九年剛就任日產汽車社長的卡洛斯・高恩（Carlos Ghosn Bichara）在「日產復興計畫（Nissan Revival Plan，簡稱NRP）」中曾用到這個詞彙。

當時，高恩揭示了「二〇〇〇年度達成綜合淨收益無赤字」、「二〇〇二年度達成綜合營業收益率百分之四・五以上」、「直到二〇〇二年度末，將負債整合削減到七千億圓以下（發表當時該公司負債約一兆三千五百億圓）」三項達成目標，並表示「如果這三項承諾未達成其中任何一項，包括我在內的執行長將全體辭職」，因而引起很大的討論。

高恩過人之處，就是言出必行。到二〇〇一年三月底的綜合結算，不但淨收益沒有赤字，也提前達成營業收益率百分之四．五的目標。連有利息負債也在二〇〇二年三月底結算中，不要說削減為七千億，甚至還壓縮至四千億圓以下。

雖然「Commitment」一詞也譯為「參與」、「相關」、「允諾」等，但英語原文還有更深的含意。「Commit」原本好像是「將靈魂獻給神明」之意。所謂的「Commitment」並非指像日本政治家的選舉公約般不重要的承諾，而是在具主體關連的制約下產生重大責任的承諾。

因此，具承諾力的提問必定會打動人心。

承諾從使命感開始

在提高承諾力上，首先必要的是本人具有當事者意識，也可稱之為使命感。

以「如果我不做誰做？」的想法，針對目標賭上性命而抱持承諾的意志。當可以讓人看到「這傢伙絕對不會逃」的姿態時，就可以獲得周遭的信任。

在經營管理顧問的世界，初出茅蘆的經營管理顧問會吃掉資深的經營管理顧問的事，時有所聞。因此，有時會發生客戶不聽信資深經營顧問根據邏輯性醞釀出的靈敏分析力，反而對初出茅蘆的經營管理顧問過於簡單的提議：「如今要改變貴公司，唯有進行為此一計畫，而賭上各位頂尖計畫成員全付心力的事業變革計畫」感到心動。

資深經營管理顧問具備的知識與資訊，或是分析的精準度等都更勝一籌。但光是這樣，不足以感動人。不管多少的指正在邏輯上是正確的，若是擺出一副評論家的語氣，就很難讓人接受。有時，承諾「我也會和大家一起流淚流汗，投注全部的心力努力。那麼，大家一起加油吧！」的姿態會更增加說服力。

即使在提問上，對方的反應也會根據提問一方是否具有承諾的意志而完全不同。如果不見提問者有「我是認真想要解決這個問題」的姿態，被提問者應該也不會說出真心話。

提問是「想聽到什麼」的同時，「用什麼想法去聽」更重要。

有個例子容易了解具承諾力的提問，就是娛樂播報員梨元勝的訪談。從他的訪談可以明顯察覺出所謂的韌性：「不論如何都想知道您的事。請告訴我。粉絲也都想聽您本人親口說。」不畏懼大型經紀公司等的壓力，而有堅決要採訪的意志。

他提出的提問絕不會太過深奧、尖銳。可是，卻有種讓人不得不怎樣的感覺。演藝人員在其好的態度與獨特性格的進逼下，通常都會不由自主地侃侃而談！在梨元訪談中，可以真實感受到具說服力的假設中隱含的承諾力。

如何引導對方做出承諾？

在訪談之際，自己要具備當事者意識的同時，引出對方的承諾也很重要。只有自己一個人熱心投入而周遭卻大潑冷水，最終仍會流於空轉。

在IBM開始某計畫時，計畫團隊領導一定會在客戶團隊成員面前這樣說：

「此計劃是否成功，取決於大家的承諾。我們之所以承諾是理所當然的事。但如果大家都不做承諾，計畫絕對不會順利進行。」

那麼，該怎樣做才能引出對方的承諾呢？

前往客戶的辦公室訪談，儘管是公司高層，卻事不關己似地談論自己公司內部的事。碰上這樣的情況，我多半會和對方發生衝突。

有時，我也會這樣直言不諱說：「很抱歉，您這樣的態度，我想部下是不會願意跟隨的，公司也不會有任何改變……」

如果我變認真而生氣，對方也會變認真而動怒。

他多半會忍不住說出隱藏在心裡（或是已經遺忘）的真心話：「我是很認真在思考我們公司的未來！」而認真、充滿真心話的訪談就是始於此。

當然由於發生衝突，未必每次都是順利加深關係。有時反而會招致決定性的決裂。

不過，若想要對方敞開胸懷，就要有正面衝突的覺悟。光是保持微笑，並不能建立信任關係。經營管理顧問會視狀況與對象，而有無可避免必須爭吵的「覺悟」。若能正面衝撞出具說服力的假設，不管多麼保守的高階職員也會逐漸表現出對公司的愛護。

愛唱反調的員工變成志同道合

在和客戶的訪談中，有時會碰到愛唱反調的員工：「那麼，你到底想聽我說什麼？

身為經營管理顧問，你能對這公司做什麼？」

其實，這樣的員工通常對自己的能力相當有自信。沒自信的員工會花很多精神在獲得公司和上司的認同上，而沒餘力唱反調。

因此，愛唱反調的員工具有某種程度的實力，多半可以看出公司多少有點問題的本質（只不過，看法淺薄的居多）。因此對於這樣的員工，我會直截了當、還語帶威赫地說出已建立好假設的該公司本質上的經營課題。例如：

「由於貴公司一直以來都只見樹不見林，欠缺適合整體的決定性觀點，因此我想在貴公司建構最適合整體實現的藍圖。而該問題的原點就在於中間階層視而不見及看不見前景的性格，一旦看不見前景，就會欠缺前瞻性、先進性，您覺得呢？」

當我對這家公司設立的假設與愛唱反調員工的問題意識相符合時，對方的態度就可能會一百八十度轉變。比起那些一開始即很合作，但不大努力的員工，愛唱反調員工日後成為志同道合的可能性更高。因此，重要的是提出本質的背景說明以及以具說服力的假設為基本的提問。

促使承諾的提問

在引導出對方的承諾，有時有必要提出促使對方覺悟的提問。

我們公司「HR Institue」有句標語，那就是「破斧沉舟（Crossing the Rubicon）」。

盧比孔河（Rubicon）是流經義大利北部的河流，古羅馬以此河為本土與屬地的分界線。當時，羅馬法律禁止任何武裝部隊渡河入境。

可是，遠征高盧的凱撒（Julius Caesar）在政敵龐培的陰謀策略下，被召回卸除高盧總督職務。他不滿此舉而干犯禁令，揮軍渡過盧比孔河，當時他還留下一句名言「骰子已經擲出（the die is cast）」。之後經過一場內亂，終於打敗龐培而掌握權力。

由於這件事，「渡過盧比孔河」就比喻為「一旦做了，就無法挽回的重大決定」，即「破斧沉舟」的決心。

在計畫中，一定會碰上必須「破斧沉舟」的情況。這時，經營管理顧問首要不可欠缺的就是「破斧沉舟」的決心。其次則是敦促客戶的負責人要有「破斧沉舟」的覺悟。

以前與S公司相關的一項計畫，可說是該事業部門的背水一戰。然而，事業本部長的個性猶豫不決，而負責計畫的C課長則是熱心的人。

雖然該計畫有不錯的商業模式，但價格過高，必須下降百分之五十左右。如果銷售量增加三倍，價格就可能下降百分之五十，但事業本部長想將風險控制在最低，而不想建立這降價百分之五十、銷售增加三倍的目標。

我很火大。於是與C課長一起逼迫本部長。

「所謂的市場價值是我們自己創造的。」

「如果不敢落實降價百分之五十，就連十分之一也賣不出去。C課長願意負起這責任，但他只堅持這點。何不破斧沉舟呢？」

如此逼迫本部長。本部長於是下決心說「知道了，一切就交給C課長。」

計畫因此得以執行，而C課長現在已升為C部長。

一定要向負責者提出「從這裡往前一定要破斧沉舟，你已經有了這樣的覺悟嗎？」如此具說服力假設的提問。

因此，如果未讓對方見到你也有「我也一起破斧沉舟」、「為了該計畫的成功，我一定盡最大的支持」的誠意，對方絕不會想要破斧沉舟。

當所有團隊成員對課題都具有承諾的覺悟時，提問的效果將會發揮到最大。

第3章

缺乏「本質力」，就提不出「好」問題

3-1 經營管理顧問就是「產婆」

看清本質很難

許多人腦海中浮現的「具溝通力的人」，就是如照亮黑暗的光線般，能在千頭萬緒的談話中提出「敏銳」問題的人吧！而進行此一「敏銳」提問的能力就是「本質力」（譯注請見p.58）。

時尚造型師高橋靖子在隨筆集《對我拍手》（日本幻冬舍）中，撰寫了關於演員山崎努的「本質力」的有趣逸事。

據說，山崎努從不執著於名牌。工作時，不但沒興趣彰顯自己所穿衣服是哪個品牌的服飾，也不想知道。

可是，如果在試衣間給他穿高級名牌襯衫，他就會說：

「啊，我喜歡這件襯衫。一穿上它，整個人就覺得精神飽滿，看起來很有精神。」

真正有看透本質能力的人，應該就像山崎努這樣的人。這類型的人既不迷戀名牌、評論家的批評、口碑、排行，也不受制於周遭的雜音。可以分辨本質與非本質的不同。

自古人們就為了看清本質而不斷思索與嘗試錯誤。哲學家笛卡兒（Ren Descartes, 1596～1650年）是以方法論懷疑手法來趨近本質。他為了排除主觀意識、常識、偏見而達到真理，想出以下的內容：

「即使認為事物只有一點點值得懷疑的地方，也要視為是絕對虛偽而加以排除，經我這樣的處理結果，難道就不會有可議點存在嗎？」（笛卡兒《方法論》日本岩波文庫、落合太郎譯）

結果，他發現假設世上所有的一切都是虛偽的，那麼唯有懷疑「世上所有的一切都不是虛偽的嗎？」的自我意識是真實存在，才獲致「我思故我在」的真理。

藉由提問，達到本質的蘇格拉底產婆術

另外，古希臘學者蘇格拉底（Socrates, 470-399 B. C.）為了探求本質而研究出問答法。誠如字面所示，所謂的問答法就是透過一問一答的方式來趨近本質。蘇格拉底經常刻意舉出世上視為理所當然的事，向弟子或路過的行人進行問答。

舉例來說，若問：「對朋友說謊有罪嗎？」任何人都會回答說：「有罪」吧！

因此，蘇格拉底會進一步追問：

「那麼朋友生重病，為了鼓勵他而說謊，這樣有罪嗎？」

「不，這樣是無罪的。」

他因此歸納出「即使是謊言，也分為有罪的謊言與無罪的謊言」。

如果我們追究思考世上視為理所當然的事，就會發現其中的曖昧之處。蘇格拉底就是根據問答法告訴世人，探究事物本質的重要與困難。

此一問答法，我們稱為「蘇格拉底的產婆術（譯注）」。這和蘇格拉底的母親是助產士有些關聯。

孕婦獨自生小孩，多少會有點困難。因此，產婆的工作就是協助孕婦，盡量在輕鬆狀態下平安生下小孩。

同樣地，獨自一人追求本質也伴隨著困難。因此，在與對方一問一答之間，使對方發現世上視為常識的事的矛盾與曖昧而協助對方達於本質，這就是蘇格拉底的產婆術。

蘇格拉底的產婆術，非常近似於經營管理顧問對客戶進行提問的過程。

客戶也經常無法找出其持有的問題本質。

舉例來說，如果營業成績下滑，大部分都會膚淺地思考說：「那是業務員不夠努力。」如果工廠生產力低落，多半也會判斷說「那就引進最新的機器設備就可以啦！」

可是，營業成績下滑，是因為業務員不夠努力嗎？營業成績下滑原本是指什麼呢？是銷售額下滑？客源減少？還是收益率下降呢？如果是銷售額下滑，那麼是銷售力有問題？商品力有問題？還是銷售通路有問題呢？如果不追究這些問題，就無法逼出本質。

如果無法逼出本質，就會選擇不適當的解決策略，而採取錯誤的行動。原本所謂的本質力，就是指透過「看清」事情真象、「邏輯性建立」容易理解的道理、「焦點鎖定」在重要事情的能力。

因此，經營管理顧問就是擔任產婆的角色。透過提問，使對方發現問題的本質。然後協助對方再建構目標與目的，直到起而行動為止。

以先前提到銷售下滑為例，對於「為何銷售下滑？」的提問，如果原因主要在「銷售通路不暢通」，就進一步追問「那麼，為何銷售通路不暢通呢？」就可以看見「因通路管理不善而對競爭的變動無法及時察覺」，「因此，真正因素是對於利潤政策的因應慢半拍」等問題的本質。換言之，就是以「問三、四次為什麼」來看清本質。

譯注：Maieutics，亦稱為助產法。

3-2 引導對方說話的「點頭」與「歸納力」

基本聆聽方法是點頭與簡短評語

會話是互相影響的。人與人之間的關係，一旦失去互動就會變得無趣。

希望大家試試以下的實驗。拜託家人或朋友當聽眾，但對自己所說的話，不可以點頭微笑，也不可以回應說「哦～」或是提出問題。即當一個沒表情、沒反應的聽眾。

試著在這樣沒表情、沒反應的聽眾面前說話，就知道有多痛苦。完全摸不清楚自己所說的話對方是否有興趣聽，也完全猜不透話題該往哪個方向發展才對。因此，很快就會結束話題。

這時，若要求對方中間打岔一下，說些「嗯、嗯」、「哦～」、「原來如此」、「是嗎？」等，那麼談話的興致就會完全不一樣。

談話中途，如果對方有點頭回應說：「嗯、嗯」，就可以確認對方有在聆聽。如果說：「哦～」，就知道對方感興趣的部分。如果說：「原來如此」，就知道對方理解的內容。如果聽到「是嗎？」就知道對方對哪裡持有疑問。這就是興趣及假說驗證的「能見化」。

傾聽的根本基礎，也可說是點頭與簡短的評論。

誠如之前提過的，怕聽眾對我的演講反應不太熱烈，我一開始就會請求說：「不論講到哪裡，請大家務必每隔三分鐘就點頭一次」。

不只是自己的演講，連聽別人演講我也會力行這點。一定會選在適當時機，對演講者的話點頭回應。於是，演講者就會放開胸懷地暢所欲言。

前陣子，我也在推動豐田生產方式的某計畫領導者演講會上執行這點。說實在話，那場演講起初很單調又無聊。可是，講到後半段聽眾反應開始熱烈，到最後甚至還笑聲不斷。這是因為包括我在內的聽眾，很認真地對演講者所說的內容點頭回應。可以很清楚看出，起初不知是否因為緊張而表情僵硬的演講者，漸漸也變得輕鬆愉快。

所謂的提問，換句話說就是「能讓人說話」的行為。因此，知道如何問法會讓對方「容易說話」是非常重要的。製造讓人容易說話的氣氛，也是驅近本質的作為。

一邊讓對方侃侃而談，一邊掌握主導權

點頭與簡短回應，不只是讓對方容易說話的機制，也具有聽者將聽到的話題使說話者繼續說下去的機制。也就是「看透心情」的機制。

舉例來說，說話者說：「我們公司現在呢！正在改善員工工作與生活的平衡，例如，爭取男性員工的育嬰假，或是引進在家工作制度，或是充實轉職的支援制度等等，總之非常多樣化。」

這時，如果聽者簡短地回應說：「哦，男性員工休育嬰假嗎？」之後的話題就會朝育嬰休假制度的方向說下去。如果是對「充實轉職的支援制度」有反應，接下來具體的談話內容就會變成支援制度吧！

表面上看來，談話的主導權是掌握在說話者的手中，但藉由點頭與簡短的回應，談話的主導權有可能變成是讓對方持續說下去的聽者在掌握。

在日本，對口相聲就是以這種「點頭」方式為媒介，讓說話者與聽話者之間進行高度溝通的表演。

對口相聲談論的主題通常是最近發生的事件或流行等時事題材。表演者會一邊說相

聲，一邊仔細觀察今天的觀眾是在哪個部分點頭、開懷大笑？然後配合觀眾的笑點，將這天的題材稍加修正。懂得閱讀氣氛，可以巧妙臨機應變的對口相聲的表演者，就能成為大師。

就這層意義來看，即使是對口相聲大師，主導權也不在他們的身上，而是握在觀眾的手裡。

「再說更多這樣的內容給我們聽吧！」

「這個點很好笑！」

觀眾藉由點頭與笑容來掌控對口相聲表演者。

透過提問找出本質時，以這樣的點頭與簡短回應，來掌控對方談話的技巧是非常重要的。換言之，就是「可以看清本質」的手段。

一旦聽到說話者的說話內容，一定會出現「雖然他說了很多、想到什麼就說什麼，但這裡是他最想說的內容」的部分。聽者應在這部分大力點頭給予回應，或是以「是啊」隨聲附和表達同意。

於是說話者會發現：「這裡就是自己想說的重點。」接下來，就會刻意地針對這個重點談得更深入。

因此，聽者的點頭與簡短回應會成為對方達於本質的救生船。

歸納力① 複述與換句話說的效用

當能善用點頭與簡短回應之後，接下來希望大家能學會的就是「歸納力」。如果更細分歸納力，還可分為「複述」、「換句話說」、「綜合整理」等。

所謂的複述，就像鸚鵡複製人的說話一樣。當對方說：「那時，真是很辛苦呢！」你也照他所說的回應說：「真是辛苦了呢！」。

從仔細聽清楚對方所說的話獲得的資訊，就像點頭與簡短回應一樣，依使用方式可以誘導說話者趨近本質。

其次是比複述更高招一點的技巧，就是「換句話說」。當對方說：「那時，真是很辛苦呢！」時，用不同的話替換說：「啊，是嗎？那會成為你的轉機唷！」

只是換一句話表達對方所說的話，就有可能讓對方意識到原本只是「辛苦」體驗，在人生中將會居於什麼地位的契機。就連本人現在也沒看清的事，以「換句話說」的方式，就讓對方發現「換言之，就是這麼一回事啊！」

這也是為了將對方導向本質時非常重要的技巧。

歸納力② 綜合整理的能力

另一重要的歸納力就是「綜合整理的能力」。

再舉房屋銷售員的例子吧！

房屋銷售員與想要購屋的家庭一起研擬購屋計畫。這時，家人想到什麼就說什麼，大家都各說各的購屋計畫。這樣的購屋計畫，當然會有矛盾之處。

舉例來說，儘管認為媽媽最早的意思是：「大兒子明年就要唸中學了，所以自己要有一間房間。」但她後來又表示：「小孩待在家裡時，父母總希望知道他們在做什麼。如果他一個人偷偷地上網登入交友網站，那就不好了！」

這裡就可以考驗業務員的「綜合整理功力」。

如果回應說：「既要有個人房間，又希望知道小孩在家裡時在做什麼。這樣不太可能唷！」就說得太露骨了。

如果回答是「原來如此。既想促使小孩獨立，也希望有個家人可以好好溝通的空間，是吧！」將乍看之下是相反的期望，經由綜合整理歸納出一個結果。

當然如果這麼說，媽媽可能會反問業務員說：「有可能找到既可促使小孩獨立，又有溝通空間的房子嗎？」

對於媽媽的疑問，專業的業務員會提示具體畫面讓她看說：「花點心思就可以辦到！例如，小孩的房間不要有門，改用家具來隔間，那麼就可以在客廳和小孩房間之間留出寬大舒適的空間。」

如此發揮綜合整理的能力，就能將對方最初含有矛盾思維的購屋計畫，更加地合乎期望的本質。

3-3 以「鳥眼」與「蟲眼」進行快慢自如的提問

從鳥眼到蟲眼、從蟲眼到鳥眼，聰明提問

訪談時，對方說得很起勁並不是件壞事。一方面表示，你提出的問題正好切中對方感興趣與關心的重點，一方面也證實對方很積極投入這次的訪談。

可是，初出茅蘆的經營管理顧問、業務員、雜誌社記者等常容易犯的錯誤是，只熱衷於談論某一部分的話題，或是只針對某些點提出問題，而使得訪談欠缺整體觀點而失敗。

初出茅蘆的雜誌社記者前往中小企業社長辦公室進行主題為「我們企業培育人材的觀點」的訪問時，以時下年輕人的論點談得相當起勁。心想「今天問出很棒的觀點」而回到編輯部要進行寫稿時，卻突然感覺很困擾。因為他沒問到最重要的關於該企業年輕員工在職年數為何都很長的策略。

進行提問時，不能忽略的就是「鳥眼」與「蟲眼」。

所謂的鳥眼，就像飛翔在天空的小鳥般，從制高點俯瞰事物的眼光。而所謂的蟲眼，則是靠近物體，連細部都看得一清二楚的眼光。實際上，這些是為了檢視本質在哪裡的重要探究之道。

當議論集中在細部時，就要進行一次回歸整體的提問。舉例來說，持續進行關於以人事部負責人為對象的指導研修應有地位的深入應答時，就要試著提出再確認指導研修在整個研修制度中應有地位的提問。例如問「稍等一下。如果不思考指導研修在整體中應有的地位，不就只有它變得很突兀嗎？」等。

另外，在討論供應鍊管理（Supply Chain Management，簡稱SCM）架構時，不論如何，視野就容易放大。不妨提出可讓人產生具體印象的提問。例如，在暸解環保回收重要性的前提下，針對企畫、開發、設計、調度、生產、物流、維護流程的項目當中，在系統降低至現場水準時該如何機能化？並追問「雖然理解因應環境的零件調度系統的重要性，但對於組裝廠商的交貨、該組裝商的零件回收系統上的零件整合表，還有關於該資料庫，究竟要思考到什麼程度呢？」等。

像這樣的訪談，就是刻意提出從蟲眼（微觀）到鳥眼（宏觀）、從鳥眼縮小至蟲眼的提問。據此，對方可以獲得宏觀與微觀兩方的觀點，而鍛練出對事情看法的能力。

第一線人員從點到面的提問、上位者落實從面到點

關於鳥眼與蟲眼，一般越是接近第一線工作的人，越傾向以蟲眼來觀察事物，而越是站在管理階層立場的人，就越會以鳥眼來思考事物的傾向。

現場銷售人員最煩惱的事情不外乎是：「那位店長不大會買我們的商品耶！」、「這個月似乎也因此無法達到目標！」而上游企業的領導者則日夜動腦筋在思考「如何創造出事業間的相乘效果」或是「人材・資金・物件如何適當資源分配」的事情。

換言之，反映在組織的層級上，越接近現場者越以蟲眼看待事物，而越在上位者則越以鳥眼看待事物。若說這是理所當然的事，還真是理所當然呢！

因此，對接近現場工作的人員進行訪談時，就要以蟲眼的水準，換句話說，就是從「在現場感受到的事」、「在現場會發生什麼事」等具體的問題問起。然後，使用前述的「綜合整理」等技巧，一邊整理出矛盾、釐清要點，一邊則歸納出要點來慢慢提高

提問的抽象度。我們將之稱為歸納法的捷徑。

此外，在傾聽幾位現場人員說話的過程中，會看出所謂的「在眾多的現場，如今都正面臨著這樣的問題」的共通點。對現場人員一一進行的訪談，只不過是「點」。但當這些點累積起來，就會形成一個「面」。

另一方面，接近上層的人都是以鳥眼看待事物，所以他們可以從面而非點來進行提問。他們不會受制於單一現象，而會直接切入抽象度高的、本質性的議論。

就這層意義來看，說不定有人會認為，想要掌握本質就是對上層進行訪談就解決了。不過，面是由點所構成的，因此還是不可忽視點。

在持續對上層進行抽象度高的提問當中，會逐漸看到「像是本質的事物。於是，接下來就有必要透過提出該「像是本質的事物」是否是真的「本質」的提問，來驗證個別事物的真實性。換言之，就是要訂定「標的」之後，再進行「本質的驗證」。

舉例說明，大家會更容易明白。如果逐漸看清所謂的「銷售下滑是因為銷售管道經營削弱化」是「像是本質的事物」。這時，不妨詢問一下具代表性的經銷商經理：「這真是根本的問題所在嗎？」就可以辨別清楚，比起銷售管道，商品力的低落更是銷售下滑的根本原因。了解此一「像是本質的事物」並非「本質」。如此議論的程序就稱為演繹法的捷徑。

不論是歸納法的捷徑或演繹法的捷徑，重要的是客觀性、邏輯性。「看清」之後，如何將之引導為「邏輯性提問」才是重點。

然後，希望大家經常保持這樣的意識，如果以提問為點開始就往面拓展，如果從面開始就落實為點。

關於以鳥眼、蟲眼具體地展開訪談的方法，會在第四章中詳述。

戳破矛盾，趨近本質

在判決殺人事件的法庭。檢查官對於一直否認的被告進行尖銳的盤問，想要推翻被告的不在場證明。大家先閱讀看看，以下試寫的這段推理懸疑劇。

檢查官：你說事件發生的九月三日晚上十點鐘，當時你待在家裡。

被告：是的。

檢查官：有誰能證明這件事？

被告：沒有。那天晚上只有我一個人在家。

檢查官：那就無法成為不在場證明！

被告：……這樣啊！過了十點、差不多十點十分左右，姪女加奈子有打電話到我家。我接了那通電話，這樣應該可以證明我是待在自己家裡的。

檢查官：她不是打你的手機，而是家裡的電話嗎？

被告：沒錯。是家裡的電話。

辯護律師：法官。我們確實獲得加奈子小姐的證實，她在過了十點有打電話到被告的家裡。

檢查官：和田先生（被告的姓氏）。你為什麼不早點說出這件事呢？

被告：因為太慌張了……

從上述內容可以看出，檢查官要推翻不在場證明觸礁了。可是，檢查官仍鍥而不捨地繼續緊迫盯人。

檢查官：不過，你自己的住家也當辦公室使用吧。

被告：是的。

檢查官：白天也一直待在這辦公室兼住家裡嗎？

被告：不，只有一半時間會待在辦公室。外出洽公時，辦公室多半是空無一人。

檢查官：那麼，有客戶打電話來時怎麼辦？

被告：那沒關係。因為我有用電話轉接服務。

檢查官：原來如此，電話轉接服務嗎？既然這樣，就算人在外面，也可以接到打到家裡的電話，所以不用擔心吧……。法官我問完了。

如何呢？很過癮吧？犯案當晚，被告主張的不在場證明是他接了打到家裡的電話，但由於檢查官引他說出電話轉接服務的實情，戳破了他的謊言。

那麼，如果在訪談中不斷進行提問，儘管對方說了矛盾的言論，他本人多半也不會發現這點。

這時，就像前面已描述的房屋銷售員一樣，要具備以綜合整理矛盾處而抽出要點來趨近於本質的應對方法。

另一種手法就像這個檢查官一樣，要鍥而不捨地戳破對方的矛盾，讓他本人發現邏輯上的矛盾而趨近本質。

提問必須多樣化

在商場上的訪談，當然不會是檢查官與被告對決的場面，如果老是以尖銳的語調盤問有矛盾的地方，對方一定會不高興，關係也會惡化吧！

重要的是將提問的內容豐富多樣化。一方面要像心理諮商師一樣傾聽對方說話和有所共鳴，一方面也要確保可以從「靈魂出竅」的客觀立場向對方進行提問。

因此在嚴肅尖銳的持續提問之後，不妨試著說幾句溫馨的話。那麼對方的內心會終於動搖而說出真心話。就像擅長讓犯人自白的老練刑警一樣，希望大家也要磨練一下這樣的技巧（雖然我也不太擅長，但……）。

更重要的是，對於對方有回應時的反應也要多樣化。

前面已提過很多次，豐田汽車企業實施的「連問五次為什麼」，就是當現場發生問題時，就要根據下列手法：「為何會發生這個問題？」、「這是因為〇〇。」、「為何是〇〇？」、「這是因為△△。」、「那麼為何會變成△△？」連續反覆問五次「為什麼」來逼出問題的根本原因。

這也可以運用在訪談中向對方提出的提問。當對方有所回應時，不要回應一句「原來如此」就結束，而要問到對方答不出來為止，也就是一直問「為什麼」直到找出真正原因為止。

不過另一方面，當對方已坦誠說出本質時，就不必再多問什麼，只須說句「了解」就可以。如此還可以加深彼此認為對方是「懂人情世故的人」的信任關係。

能夠進行提問逼出本質的人，都會學會如此游刃有餘的溝通術。

3-4 磨練字彙力，提出趨近本質的問題

「利休鼠」是什麼顏色？

大家聽過「利休鼠」嗎？那是指一種灰色帶綠色、流行於江戶時代後期的顏色。

順帶一提，因為冠上「利休」二字，所以有人會認為是茶道大師千利休研發出來的顏色，但事實並非如此。後人之所以擅自這樣命名，主要是因為「這種顏色雖然質樸卻很高雅，連利休大師似乎也會喜歡」。

那麼，當你和某人在談話時，對方突然說出「利休鼠」一詞。例如，說話的對象說：「見到利休鼠顏色時，就會想起我買了那條織布吧！」

這時，是否了解利休鼠一詞，反應會大不同。

如果不了解，即使能想像「利休鼠的顏色」是某種顏色，但也不會有人猜到是什麼樣的顏色。

可是，如果知道這個字彙和顏色，一聽到這個字彙時，鮮明的印象立刻會在腦海中

擴散開來。因此，立刻就知道對方受什麼樣的顏色吸引，而到達連本質都可以理解的程度。

人的語言活動雖然是由左腦掌管的，但我認為鍛練右腦也與磨練字彙力有關。

所謂的腦幹，就是連接左腦與右腦的部分。人是以左腦接收語言，語言經由腦幹傳輸至右腦，右腦就會將語言轉換為影像。因此，一聽到「梵谷的黃色」，腦海中就會浮現出梵谷的用色，一聽到「冬天在能登捕獲鰤魚（譯注1）」就會像巴夫洛夫的狗（譯注2）一樣，口中立刻分泌出唾液。

反之，進入右腦的影像，也是經由腦幹傳輸到左腦再語言化。侍酒師之所以能將葡萄酒的味道置換成語言，貼切地表達，就是因為徹底接受過將影像語言化的訓練。

換言之，語言活動是左腦和右腦的整體運動。

可是，如果字彙匱乏，那麼左腦和右腦的整體運動就不健全。

如果不知道「利休鼠」一詞，那麼當談話對象提到「說起利休鼠啊……」，腦海裡就無法產生那種顏色的畫面。即使喝到勃根地（Bourgogne）迪傑克（著名釀酒師）上等的葡萄酒，如果沒有足以形容的字彙，就無法確實表達品嘗後的感覺。

不用說，所謂的「提問」就是根據語言進行的活動。因此，為了提高溝通力，就有必要加強字彙力、增加語感的智庫。

譯注1：學名：Seriola quinqueradiata，英文名：Japanese amberjack，中文俗名：青甘鰺、青甘。

譯注2：指俄國生理學家巴夫洛夫的制約反應實驗，他在狗聽到鈴聲後提供食物，久而久之，狗在聽到鈴聲後就會本能地聯想起食物，並流下興奮的口水。

分辨微妙之處，就能識別本質的不同

如果能鍛練字彙力與語感力，不但能學到辨別微妙的不同、本質差異的能力，還可以清楚表達出來。例如，頂尖的侍酒師。一流的侍酒師在聞葡萄酒香時，雖然酒香很微妙，但他們就是可以將難以分辨的、味道差別細微的酒香貼切地轉換為語言，如「這是像尤加利樹味道的香味」、「這是百香果的香味」、「這是除草時的味道」、「像狗尿味般的味道」等。

和味道一樣，春夏秋冬四季的季節表現，也可以區分為更細的名詞，表達出更具詩意的季節轉換感。如圖3-1，圖中標示了二十四節氣的名稱。所謂的二十四節氣，就是將

圖3-1 24節氣

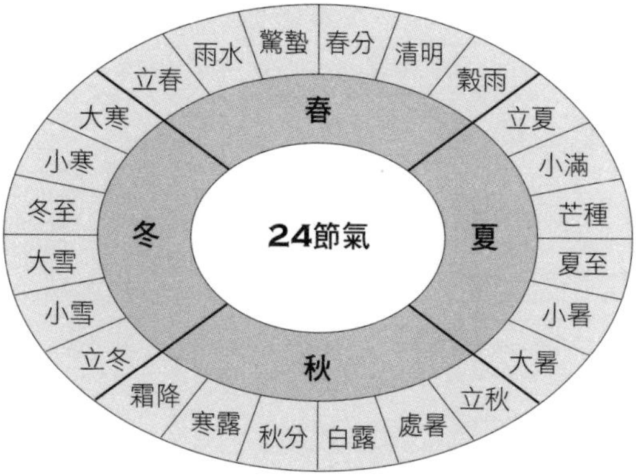

春夏秋冬四季各自再細分出六個節氣。

從前的人，一聽到「驚蟄」，腦海裡就會浮現正在冬眠的蟲兒從洞穴鑽出的光景，是令人感覺空氣特別清新、陽光溫暖、輕風徐徐吹拂的時期。這些節氣名稱可讓人微妙感覺到其中的不同，如「雨水」與「驚蟄」時期的空氣感覺不一樣，「驚蟄」與「春分」時期的光線強度不同等，多麼棒啊！（只不過，現今氣候異常，我們越來越不能感覺到季節轉換時的微妙差異了。）

上述的「利休鼠」也一樣。

江戶時代，幕府有鑑於風紀敗壞，再三頒布奢侈禁令。也曾有過庶民身上穿的衣物只可以有藍色、茶色、鼠色（即灰色）三種顏色的時期。但庶民卻從這三種顏色中變化出許多的顏色，如眾所皆知的「四十八茶百鼠」（譯注），就有梅鼠、源氏鼠、深川鼠、江戶茶、雀茶、團十郎茶、鐵紺、露草色……。利休鼠就是其中的一色。

現代人只單純認識「茶色」或「鼠色」，從前的人則可以識別顏色的微妙不同，並將之用言語表現出來。

雖然很微妙，但如果能學會識別本質不同的能力，在訪談當中，當對方說出語感微妙不同的用字遣詞時，你就可以敏銳地感覺到這點。

像這樣有必要以微妙語感表現不同的主題，通常是對方最關心的事。在針對該主題進行更深入的提問時，就必須要有言詞的感性、言語的感覺等語感力。

一邊聽對方說話，一邊透過在腦海裡建立其說話的順序、綜合整理、比較、分類當中，浮現「他想說的重點不就是這個嗎？」、「這個問題的本質不就在這裡嗎？」等畫面。「不就是這個嗎？」的影像或「標的」都能置換成確實的提問。

當訪談對象苦於「該如何表現才好？這影像雖然很難用言語來表現，但……」時，你應該很快說出一句關鍵：「換言之，是不是這樣呢？」將該影像轉變為語言。

譯注：指灰色、茶色的各種變化。

字彙數量檢定，檢測字彙數認知能力

在此想介紹一個遊戲測驗。

NTT溝通科學基礎研究所開發出所謂的「字彙數量估算測驗」，並公開在網路上（http://www.kecl.ntt.co.jp/mtg/goitokusei/goi-test.html）。

這個測驗就是，進入該網頁後，測驗顯示在銀幕上認識的單字數目，電腦會根據結果推算出你認識的日語字彙數量，並顯示出來。

根據該測驗的結果，可知道自己是屬於小學程度、國中程度、高中程度、大學程度等，如果你是社會人士，希望至少能達到大學程度。如果想要達到目前為止所說的「為探求本質的字彙力」，那麼標準就要訂得更高。

順帶一提，我試做了一下這個測驗，估算的字彙數量是五萬六千七百～六萬七千八百個字（這個測驗可以參加三次，每次電腦上都會顯示估算的字彙數量）。不過，請大家不要誤解而想急於去補充自己的字彙量，所謂的字彙力並非單純地指「知道很多的字彙」。雖然知道很多的字彙是構成字彙力的要素之一，但不可欠缺的是從很多字彙中找出本質的字彙，或是具有將某個字或影像變換成更本質的語言的「語言運用能力」。

追求本質的探究與自行思考的習慣

當有人問「所謂的具有字彙力與語感力的人是什麼樣的人呢？」我腦海中會浮現稻盛和夫、立花隆、大前研一、高橋俊介、中谷彰宏、亨利・明茲柏格（Henry Mintzberg）、彼得・杜拉克（Peter Drucker, 1909～2005年）、傑克・威爾許（John Francis "Jack" Welch, Jr. 1935年～）亞伯拉罕・馬斯洛（Abraham Maslow, 1908～1970年）等人。

他們的共通點，一是尋求本質的探求心，一是自行思考的習慣。由於具有這兩大特點，所以他們可以從任何人所說的不經意的一句話、世上的種種現象、只出現在專業世界中的複雜議論等當中抽出本質，用自己的話來表現。

舉例來說，前面提過的立花隆。他並非自然科學的專家（在東京大學求學期間，專攻法國文學與哲學），但對於高度專業的自然科學理論，都靠自己的頭腦思考其本質是什麼，讓自己的內心都充分理解之後，再用自己的話來表現。因此，我們可以從他的著作中，獲知淺顯易懂且具本質形式的尖端科學理論。

當然，大前研一等優秀經營管理顧問，也具有豐富的字彙力與語感力。

所謂的頂尖的經營管理顧問，就是能將自己過去曾從事的計畫進行綜合統整的人。他們都具有字彙力與語感力，可將「那個案例成功再建構人事制度的真正理由是什麼？」、「從A、B與C的案例中可以抽出的共通原理為何？」等以明確的語言來說明而非模糊地帶過。

此外，他們不只靠自己的經驗，還勤於從書籍與雜誌等地方蒐集資訊，而且不只是輸入資訊，還經常思考「雜誌上所報導的企業案例的真正課題是什麼？」或是「他所主張的本質在哪裡？」等內容，並進行將這些內容語言化的訓練。

正因為可以根據語言進行綜合統整，當關係到新計畫時，就可以從豐富的累積中選出最恰當、最好的實踐方式。還可以根據優秀的提問來趨近本質。

3-5 提問是簡短的、濃縮成「一句話」

以「一句話」達成電梯式的陳述

商場上的簡報。儘管客戶要求「以五分鐘說出要點吧！」但還是有業務員要花十分鐘以上說明。來到大醫院找醫生，儘管向醫生要求「請給我三分鐘說明的時間」，還是有MR（醫藥資訊負責人）必須花十分鐘以上說明。

不只是業務員和MR，這類型的人相當多。

我想對這類型的商業人士說：「為了能簡短說話，請現在立刻就開始做訓練。」

為什麼呢？因為話說得太長，會說太多的廢話。太多的廢話會消耗太多時間才達到本質。這類型的人在進行提問時，也往往不知究竟想問什麼而容易進行冗長的提問。

為進行企圖在瞬間傳達給對方本質性、簡潔的提問，一定要削減說話脈絡的贅肉，創造出結實感。換言之，一定要「去蕪存菁」、「濃縮」說話的脈絡。也就是「總結一句話」。

商業界有「電梯式陳述（elevator statement）」的說法。這是指創業者在與創投者共乘電梯時，必須在搭上電梯的那一秒開始到離開電梯前（換言之，三十秒左右）向創投業者說明清楚自己的創業構想的意思。

P&G的企業文化，就是「三十秒的陳述」。倚靠上層或上司下決定時，是以下列的邏輯推演來進行簡潔的簡報。

「現在最重要的課題是○○。本期我們的目標是△△。根據課題，想出三項為達成目標的實際策略。一是○○，二是△△，三是××。如果檢視這三項實際策略的優缺點，就變成◎◎。因此，提出二的提案。請做出決定。」

太棒了！這就是邏輯簡報的根本基礎。簡直就是「一句話的文化」。

其實，HR Institue也採用簡短扼要的說話訓練。在進行最佳範例演講時，必定祭出兩分鐘歸結的原則。描述企業梗概之後，分為三要點描述該企業的戰略性特徵。最後的總結則是「換言之，以一句話來形容，就是這樣的企業。」這樣剛好是兩分鐘。

在日常業務中，多少都可能採行簡潔扼要的說話訓練。向上司報告，一定要在一分鐘以內結束。會議上的發言則是一次在三十秒以內簡潔敘述。只要徹底實行這點，應該就能大幅度提升剔除了贅肉、進行具本質性演講的能力。

磨練濃縮脈絡的說話能力，與濃縮脈絡的提問能力相關。如此敏銳的訊息、脈絡走向就會成為挖掘出本質的提問。

在訪談場合，如果對方一直不得要領地說話且拖得很長。如果是部下，還可以斥責說「先從結論說起」或是「請說出經過整理的課題、原因與對策」，但如果是客戶就不能這麼做。

因此，聽對方說話說得拖拖拉拉時，要不斷思考：「如果將他所說的話用一句話來總結，就是什麼吧！」並在他講完之後提出確認的問題說：「總之，你想說的就是這麼一回事吧！」如此，不但可以凸顯出論點，對方也可以意識到自己意見的本質在哪裡，像這樣，將想說的內容去蕪存菁、濃縮脈絡就可以提高訪談的品質。

擊退多餘的話

話說得很長的人的特徵就是會在句子之前加上「呃」、「啊」等語助詞，例如，「呃，那個嘛！」或是「啊，接下來呢！」我們稱之為「多餘的話」。

光是剔除這些廢話，就能節省相當多的說話時間。此外，也有「簡化主張」、「濃縮脈絡」的效果。因此，在我們的簡報研修等當中會進行擊退多餘的話的演練。

人之所說太多廢話，是因為沒釐清自己想說的要點。

舉例來說，某業務員在做簡報時：「製品A的生產成本，有可能比以往的製品削減約百分之二十。另外，生產效率也確實提高了約百分之十。」到這裡為止都很順暢。

可是，當想要說接下來的內容時就開始語塞。因為他發現剛剛說過的和接下來要說的句子，完全無關。即使以「而且」、「即使」、「換言之」來連接，也感覺不協調。

因此，不得不吞吞吐吐地一直穿插說「呃—」，這業務員就這樣沒用任何連接詞，一邊說：「啊，那個嘛，所以製品B呢！……」一邊蹦出下一個句子。

之所以無法用連接詞來連接，是因為前後的邏輯不清楚。換言之，就是東拉西扯、亂講一通。

連接詞可說是進行具邏輯性、淺顯易懂說話方式的關鍵點。用不同的連接詞，例如「而且」（順接）、「可是」（逆接）、「還有」（並列）、「更甚」（添加）、「即使」（轉換）等，會使接下來的句子的地位與緣由完全不同。

如果在應該說「即使」的地方說成「換言之」，對方會不清楚說話的脈絡而變得無法理解，甚至做了錯誤的詮釋。

因此，如果接錯連接詞，即使改變說話內容，也要想辦法使脈絡變通順。打算說「即使」來轉換說話的內容，卻說成「換言之」時，就一定要將說話內容轉往「歸納」的方向，而不是「轉換」的方向。

唯有以本質所建構、研擬的簡報，才會是漂亮地以連接詞連接的內容。

在提問的場合，連接詞的重要性當然也一樣。特別是提問時，經常會有必須用到「即使」、「換言之」等承接對方說話內容的連接詞的情況。即要具備充分理解對方說話本質的能力。

本質力就是透過「能見化」、「邏輯化」、「濃縮」，藉由字彙力、語感力來磨練提升，最後歸納出說話脈絡的能力。也就是「總結一句話」的能力。具這種能力的人是懂得看清場合與做邏輯性的整理，將內容順利地去蕪存菁，再將整體以「華麗的一句話來形容」總結的表演者。

第4章

擁有「編劇力」，才能問什麼有什麼

4-1 以架構製作提問的劇本

將棋布局力和訪談編劇力類似

經營管理顧問溝通力的第三種能力就是「編劇力」，也就是看出大的走向，朝目標進行適當提問的能力。如果沒有這種能力，說話可能會脫離主題，不論何時都無法做出結論。

在《決斷力》（日本角川one主題21）一書中，日本現在最強棋士羽生善治說過一段意義深遠的話。

經常有人說，專業的棋士是能看出早十步棋來下棋。因此，趁某個棋士同好聚在一起的機會，討論是否真的可以看出來。結論是「沒辦法」。不論反覆多麼精確的模擬，對方仍會下出想也想不到的招數。羽生善治的結論是「實際狀況是每一步棋的判斷，都是當場做決定的。」

那麼，棋士是否完全不事先布局，當場才出招呢？似乎也不是這樣。

將棋一局差不多會有八十種走法。當然，其中也有很明顯地不該選擇的走法。這時，棋士會從八十種當中鎖定兩、三種認為「這樣好像不錯」的候補走法。「打個比方說明，在砂漠中尋找綠洲，不能只矇著頭亂找，而要在地圖上做記號說『不就在這一帶嗎？』差不多是這種感覺。」

羽生善治接著這麼說：

腦海裡會針對鎖定的三種走法描繪出棋盤來下棋。還分別對三種走法密集以邏輯驗證「哪個是最正確的？」以及到目的地為止的路徑「會變成這樣、那樣」。針對三種走法，如果還分別有三種候補走法，那麼就有九種，每種再增加分枝，立刻就會變成三、四百種。沒有要驗證到何種程度才夠的標準。因此，到某個程度就要打斷思考做出選擇，並決定走法。

其實，這與訪談上的提問編劇力架構非常相似。

在訪談中，事先篩選出提問項目，編寫出有關提問的順序與流程等的劇本，當然很重要。

不過，不管多麼用功在事前準備好一切，正式訪談時對方還是會回答出想也想不到的答案。結果，訪談時能因應不同場合決定出提問內容的應變力最重要。

但這並不表示可以完全不按照劇本，臨場提出提問。提問的大前提就是要先建立假設。

訪談者也和棋士一樣，必須先在腦海裡浮現棋盤，其次是鎖定兩或三個應該提出的問題，再試著編寫出進行提問時的劇本。然後，從候補當中選出認為最具效果的提問，並做出決定。當然，由於訪談需要臨機應變，所以一定要在瞬間做出這樣的判斷。這點與可長時間思考的棋士不同。

如何？將棋與訪談是不是很相似呢？

可是，如果這麼說，對方似乎會直接回答說：「等一下」。

「你說訪談者也會在腦海中浮現棋盤？這是怎麼一回事？訪談時，其實用不到棋盤吧！」

當然用不到棋盤。但訪談中也有相當於棋士的棋盤的工具。

那就是經營管理顧問的傳家之寶——架構。

圖4-1 SWOT分析

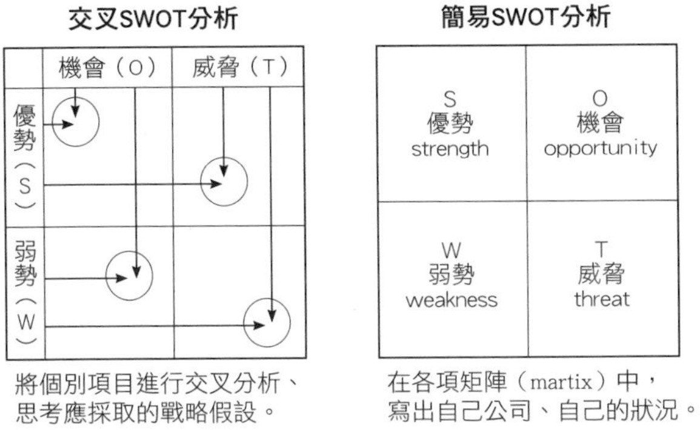

將個別項目進行交叉分析、
思考應採取的戰略假設。

在各項矩陣（martix）中，
寫出自己公司、自己的狀況。

架構是思考問題時的框架組織

所謂的架構，簡而言之就是有助於整理、思考問題時的「框架組織」。例如，將組織的優勢（Strength）、劣勢（Weakness）、競爭市場上的機會（Opportunity）、威脅（Threat）進行矩陣分析的SWOT分析是最具代表性的工具。（如圖4-1）

其他的架構工具有：

■顧客歷程檔案（portforio）分析
■PPM分析（譯注1）
■核心競爭力（core competency）分析
■戰略選項（option）矩陣
■價值鍊（value chain）分析
■AIDMA法則（譯注2）
■3C（顧客／競爭對手／公司[customer/competitor/

company]）分析

■ 4P（產品／價格／場所／促銷[product/price/place/promotion]）分析

■ 5F（競爭／供應商／顧客／代替品／新加入）分析

等等。由於工具太多，如果一一說明會沒完沒了。

還有在第二章中已大致介紹過的邏輯樹。邏輯樹其實還可細分為探尋原因而問「為什麼」的WHY邏輯樹，為找出解決策略而問「該如何？」的HOW邏輯樹，以及問「說什麼？」的WHAT邏輯樹等。

如果能好好搭配運用邏輯樹與架構工具，就能作為思考基礎的棋盤。

譯注1：Parts Per Million的簡寫，百萬分率。

譯注2：一八九八年美國廣告學家E.S.劉易斯率先提出的AIDMA法則，是指消費者先注意到廣告，其次感到興趣而閱讀下去，再產生想購買的欲望；然後記住該廣告的內容，最後產生購買行為。AIDMA即Attention、Interest、Desire、Memory、Action的簡寫。

運用架構思考產生下一個提問

這些邏輯樹與架構在訪談中具備棋士的棋盤功能。就像棋士一邊在腦海裡浮現棋盤，一邊思考下一步走法一樣，經營管理顧問也是一邊在腦海中浮現架構，一邊思考下一個提問。換言之，就是以架構確認全貌，客觀審視現在所在「場合」的位置。

專業的經營管理顧問，大部分是很自然就懂這些。因為他們從新人時就徹底接受以架構思考來思索事物的訓練。所以，連在訪談中記的筆記也寫滿了３Ｃ分析、４Ｐ分析、SWOT分析，還有PPM分析等。

例如，一邊聽對方的話一邊思考「如果將他現在所說的話放進SWOT分析的四象限中，就是關於強勢與機會。」還會判斷說：「那麼關於弱勢與威脅，他是怎麼想的呢？接下來就問這一點吧！」

此外，即使使用架構跟對方摘要說：「剛剛你所說的話，是關於貴公司事業的強勢與機會吧！」訪談對象也可自行在頭腦裡做整理。

當然也可以因應狀況臨機應變提出SWOT分析以外的架構，全面轉換為到目前為止寫入四象限的分析結果。也很有可能將４Ｐ分析與SWOT分析、３Ｃ分析與邏輯樹、５Ｆ

分析與邏輯樹搭配運用。

也就是在一個頭腦裡，一邊同時想像描繪出數個架構，一邊進行訪談。

自從某人提出邏輯樹與SWOT分析等著名架構以來，這些架構長年應用於經營管理與市場行銷方面。在不遺漏、不重覆地整理、思考事物上，發揮得淋漓盡致。

書店陳列非常多關於架構內容的書籍，希望大家多閱讀這方面的書籍來吸收相關知識，並善於運用。

不過，專業的經營管理顧問不會照教科書上所寫的來使用架構，會不斷自行改良。並且能依不同的題材、場合等找出最佳的改良方案。當達到某種水準，才可說是「將架構工具運用自如」。

一般人初到某個地方，如果有地圖在手就不會迷路。因為有地圖，所以知道自己所在的位置與該前進的方向。訪談也一樣，如果握有架構就可以一邊確認自己的提問與對方回答的立場，一邊回應，因此不會變成迷途的羔羊。

沒錯。架構就是進行提問時的地圖、棋盤。

邏輯樹與架構始終只不過是整理箱與抽屜而已。要學會編劇力，就有必要將這些整理能力加以組合，加上順位、比重的能力來進行統合。

4-2 依照劇本進行提問的訣竅

只是整理出來的劇本就不需要了

不論電影或電視劇，好劇本的條件就是沒有矛盾。懸疑推理劇是其中之最，如果在設計好的圈套中被找出矛盾，會讓人失去看下去的動力。

可是，沒有矛盾是否就是好劇本呢？根本沒這回事。人們會在電影或戲劇中尋求感動、喜悅、歡笑與淚水，使感情淨化。再怎麼有條理，誰都不會要求編劇要像醫院的病歷一樣只寫入必要事項。

那麼具溝通力的劇本，是否也要有和電影、戲劇一樣的感動呢？當然要有。

如果對方不認為訪談是「相當有趣的訪談」，就無法引導對方說出豐富的內容。如果無法引導對方，資訊的收集就算失敗。在進行一問一答過程中，連訪談對象本身都會有無法將以往的內容語言化的潛在問題意識與引出感情的瞬間。能引導對方說出這樣的話時，對本人、對訪談而言都是重大發現、感動。因此，在過程中會產生厚度，對劇本產生共鳴。

不管怎樣，令人感動的是在雙方找到答案的時候。這也可說是創意發想的瞬間。對經營管理顧問而言，所謂的訪談就是建立關於「何為本質的要因」的假設，一邊與顧客共同驗證此一假設，一邊探知本質的「旅程」。因此，當在旅程中發現答案時的喜悅，是無法用任何東西取代的。

而訪談的最終目的是促使對方行動。一定要讓對方在訪談中透過提問發現問題本質與解決策略，並在訪談結束時，有意願朝新的目標行動。這也關係到這次訪談，對對方而言具有什麼樣的意義。

理所當然的提問無法得到「共鳴」

反過來說，如果訪談完全沒感動與發現會怎樣呢？

市場調查中有定量調查與定性調查。定量調查有採書面的問卷調查，也有訪問調查、電話調查和網路調查等。提問項目都是事先已決定好，不會有項目以外的提問。因此，實施定量調查的前提就是將消費者的行動與態度等數值化。

而定性調查則是根據焦點團體訪談（focus group interview）、深入訪談（depth interview）等來探知無法以數值讀取的本質性心理，或是對某商品、服務支持與不支持的原因與背景。

所謂的焦點團體訪談就是召集六～八名左右的對象，由訪談者擔任司儀進行座談會形式的訪談。而訪談者的任務就是引導出席者說話，在他們互相說出意見與感想時，使話題的討論更加熱烈、深入。

而深入訪談則是進行一對一的訪問。優點是可以針對某一主題，慢慢深入挖掘出相關內容。

不論採取哪種方式，都可以探知在定量調查中無法獲得的隱藏心理與真心話。

和定量調查一樣，如果焦點團體訪談與深入訪談都是事先定好提問的項目，完全不提出除此之外的問題，會怎樣呢？

對方當然還是會回答，但能從中獲得的答案，都是早已知道的、常見的淺薄內容。

利用架構來整理這些常見的答案，仍有可能做出像是結論的內容。

可是，客戶不會接受這樣的內容。如果是這種程度的結論，業者本身是最清楚的。客戶想要了解的是問題的本質，根據本質重新建構目標與戰略。進行訪談的目的就在此。

因此，訪談所要求的編劇力，並非只編寫沒有矛盾的劇情，而是引導對方說話、進行推敲，組合其他內容、要對方察覺、進行刪減、將劇情朝大團圓方向進行，亦即以能讓對方產生共鳴為基礎，設計含豐富故事性的訪談編劇力。

從候補問題中選取接下來的走向

為設計提問的劇本，首要的就是要讓對方有所共鳴。可是，即使再有共鳴，如果沒有具體要問的問題選項，編劇就無法照所想的進行下去。也就是說，確認「整體與立場」、該如何組合什麼樣具體的問題這樣的判斷力是不可欠缺的。

這裡再度引用羽生善治的話。

羽生在《決斷力》（日本角川one主題21）中曾說過：「一局差不多會有八十種走

法」。還說雖然會鎖定其中的兩、三種，但如果三種走法還分別有三種候補走法，就會變成九種，每種再增加分枝，立刻就會變成三、四百種。

如果問說：可以看出多少走法？羽生善治的回答是「如果思考一小時左右，可看出五百種或是千種、兩千種」（摘錄自《決斷力》）。

不愧是專業棋士，與我們活在不同的空間。

不過，其實訪談也會發生類似的情況。

訪談是連續的提問→回答→提問→回答。從對方的回答中，看出下一個應該提出的問題。

這時，在聽對方的回答當中，會發生「從他剛剛所提的話題當中，想問關於A，也想問關於B，也想問關於C、D與E」。和將棋一樣，接下來可以有很多不同的走法。在A、B、C、D、E當中，根據問什麼而會有完全不同的走向。就像棋士為了勝券在握必須判斷好下一步棋一樣，訪談一定要從複數的候補問題中，選取接近訪談目的（找出本質性答案）的適當問題。

這時，必要的就是「長的編劇」和「短的編劇」。一邊以長的編劇來看清訪談的大走向，一邊以短的編劇在頭腦中描繪架構，並鎖定接下來應該主攻的重點。

「先問C吧！在深入探討C之後，如果無法獲得滿意的答案，就試著跳到A吧！」

如同上述般，要組織提問的戰略。如果無法這麼做，就會變成臨時應付的提問。長的編劇可說是「面」或「鳥眼」的劇情，短的編劇則可說是「點」或「蟲眼」的劇情。這樣的搭配組合很重要。先以長的編劇、面、鳥眼將假設戲劇化，之後再以即興水準將點、蟲眼水準搬上檯面。

但不擅長提問的人，即使一邊想出架構，一邊聽對方說話，也只能想出一、兩個接下來想問的問題，這類情況並不在少數。即使想選擇趨近訪談目的的提問，也沒有選擇的餘地。而且，劇本的長度與格局既單調又無聊，無變化球、無共鳴，當然也不會有感動。甚至會有「根本想不出接下來該提問的問題」的極端情況發生。

一般認為，發生這種情況的原因有二。

一是提問問題的方式。由於編劇沒編排好，所以提問方式的規模不大，未能引導對方說出豐富的內容。

另一是傾聽問題的方式。由於對對方回答問題語調的感受度太弱，因而切斷了好不容易鋪排好的編劇走向。

溝通力與傾聽力。此兩者是為了依照編劇啟動訪談的重點。下一章節中將會說明其具體的鍛練方法。

4-3 提問編劇力的描述、修正

具編劇力的提問① 提問的理論是一步步累積的

第三章中我曾說：「越是接近第一線工作的人，越傾向以蟲眼來觀察事物，而越是站在管理立場的人，就越會以鳥眼來思考事物的傾向。」

進行提問時，要先掌握對方的視野。因為，對蟲眼之人進行鳥眼的提問，對方也不會回答豐富的內容。當不了解對方的視野時，若問「關於這次的計畫，坦白說您有什麼感想呢？」乍看之下，提出的問題是毫無意義、無關緊要的，但這也是一種透過對方回答問題的方式，來測試其視野水準的方法。（雖然如此提出太多無關緊要的提問，對方會認為你是菜鳥……）

一般人都習慣從蟲眼往鳥眼一步步提升視野的思考模式。所謂的QC活動、TQC活動（譯注）、改善等可說就是一步步累積的創意發想方式。

因此理論上，提問也是一種採取「個人的經驗」、「自己的感想」等具體的你問我答方式，再將該具體經驗與現象做整理，並逐件提升抽象程度的手法。

順帶一提，所謂的「具體的回答」或「抽象的回答」究竟是指什麼呢？例如，「最近代理廠商A的B部長表示，受到競爭對手C的壓制，以致本公司商品群D的商品力下滑」就是具體的回答。始終都停留在個人水準的問題。

如果換成「本公司商品力、商品開發力下滑」，那麼抽象度就提升了。

不過，如果商品力的下滑也列舉在市場中其他發生的各種問題（推銷力下滑、營業力下滑）當中，就變成具體的問題之一。這時，就有進一步統整這些具體的問題而提升抽象程度的必要。

換言之，訪談的編劇力，就邏輯樹（提問樹）角度來說，是以建構型提問樹來組織建立的。

如果對方答出具體的答案，你就可以提出「換言之，也就是說○○嗎？」或是「換言之，也就是什麼意思吧？」「剛剛所說的，該不會是與□□同一情況？」等提問來提升對方視野，以更上一層樓的方式來提高抽象程度。

譯注：ＱＣ是Quality Control（品質控管）的縮寫。ＱＣ活動是指針對各職場或是第一線所遇到的各式各樣問題進行改善和效率化的活動。TQC是Total Quality Control（綜合性品質控管）的縮寫，泛指各個企業部門，範圍更廣。

具編劇力的提問② 在提問樹的階梯上來去自如

可是，儘管依照劇本從具體往抽象方向，登上提問樹的階梯，仍會有「總覺得欠缺樂趣」的時候。

對方所說的話中未有驚奇與發現，其實早就可以預料。就像國會中事務次官的答辨一樣。

就這樣登上提問樹的階梯，仍能獲得類似結論的東西吧！不過，應該都是很膚淺的內容。

這時，不妨下定決心將提問樹階梯降到最下面一層。試著從不同的觀點找出具體的提問。

圖4-2 在提問樹的階梯上下自如

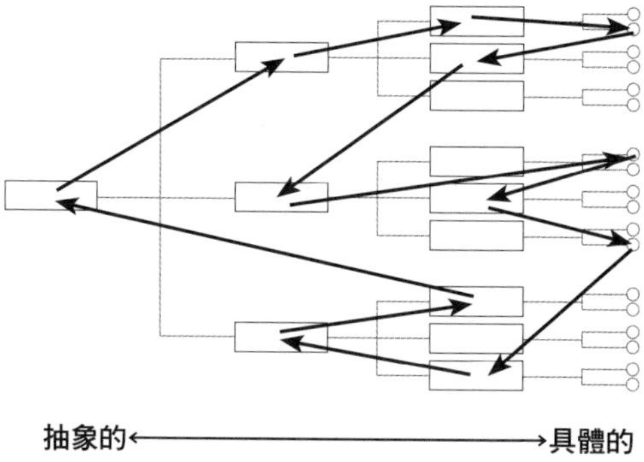

在提問樹的階梯上時而往上時而往下，或是時而往下時而往上。

舉例來說，目前為止聽到的話題都是以SWOT分析的「弱勢與機會」為中心的內容。可是，總覺得內容無法深入，也沒擴展。因此，要試著將話題拉往反方向的「強勢與威脅」。說不定這樣會反而變成關鍵。

或是，試著捨棄SWOT分析本身的架構。有時也必須祭出不同的架構，並以該架構來聽說話內容的情況。

訪談中除了講求高度外，也要講求深度與廣度。因此，不只要將提問樹的階梯往上提高，有時也有必要往下降、深掘，或往橫向擴展。在提問樹的階梯上來去自如，從對方獲得的答案中做出豐富的內容。（如圖4-2）

即使將銷售下滑的原因放大，以商品力、營業力、品牌力、價格力……等抽象的水準來考量，其實還要逐一解構其不同原因，若是商品力，是因為哪個商品群的哪個產品下滑？究竟是因為商品企畫力？還是商品開發力？商品設計力？甚至要提出具體的提問來找出原因，是國內、國外哪一方？是二十歲、三十歲、四十歲的消費族群？是男性或女性？或者，也有必要提升到營業力、品牌力。如果無法上下左右、自由自在地變化、轉換提問，就無法看清問題的本質。

具編劇力的提問③ 將抽象談話落實為具體談話

雖然一般人習慣從具體理論往抽象理論方向一步步累積的思考模式，但也有一開始就說出抽象程度高內容的人。誠如之前的描述，越是站在管理階層立場的人，越多人採取這樣說話方式。

對於進行抽象說話方式的人，反而有落實具體理論的必要。因為，如果說話的抽象程度高，已掌握本質的高度就沒問題，但若是脫離本質時，就有必要再次從根基建構理論。不斷多提一些「請舉出具體的例子」或是「如果舉例來說，會是什麼？」的提問，並再將對方的視野往下拉。然後驗證假設是否沒破綻，當有矛盾時要讓對方自行察覺，並再次一起進行假設累積的作業。

接著是略為不同觀點的話題，儘管希望對方進行具體的談話，但多半都會變成一般論調（與其說是抽象理論，不如說是一般論調）而感到困擾。這種情況通常發生在以中年男性為訪談對象的時候。

舉例來說，在市場調查中進行關於新發售清涼飲料的訪談。雖然問對方說：「如果是你會買嗎？」但對方的回應卻是：「比別人晚出的商品採用這樣的概念，不會缺乏深刻印象嗎？」或是「我認為價格的設定會決定商品的成敗。」。儘管想知道的是「不是這個，而是你本身會喝嗎？」對方往往都是以商業人士的想法來發言。

該怎麼形容呢？就像是跳脫不了商業人士的想法。

因此，即使很勉強也有必要將包袱脫掉。因此最好這樣進行提問，例如問：「若是你太太，她會喝嗎？」或「還是剛洗完澡喝比較好？」等，想辦法要讓對方從個人觀點來回答問題。

因此，符合所想要的答案的架構、水準的期待值是重要的。這時，有效的就是「場景共有的經驗」。就像上述剛洗完澡的場景一樣，是容易想像的場景，以與你所想的假設驗證有關，「提出不失禮的問答」達到場景共有的目的。

也就是說，適當地搭配抽象的提問與具體的提問來造成震撼（假設的驗證）。從中找出最適合的表達、動人心弦的語言與訊息。

具編劇力的提問④ 移開主軸、修正軌道

反之，沒任何訪談的誘因，卻很快就展開具體談話的是中年女性。如果六、七位中年女性聚在一起進行團體訪談，談話就會特別熱絡。總之，習慣團體訪談的歐巴桑們會很長舌（應該盡可能召集不習慣訪談的人，但……）。此外，歐巴桑們有時會為了想要說出好的答案，而超出主旨原意想太多，這點要特別注意。

她們也經常有遠離談話主題的情況。主題應該是新發售的清涼飲料，不知何時卻變成討論洗衣精。

像這樣的訪談例子，就有必要介入對方的交談、進行修正。雖然說是介入，但並非中途打斷交談，而是在她們的談話當中有技巧地奪回主導權。這點我可是非常擅長。

例如，其中一位歐巴桑說「說起洗衣服，每天都洗得很累呢！」這時，要立刻表

示：

「是啊！洗衣服的確相當耗體力。那麼你在洗完衣服後，會喝什麼飲料？茶飲？還是甜的飲料？」

要像這樣，不破壞說話的走向來介入改變談話的主軸。如寫成文章時看起來有點隨便地強行介入，但實際上在訪談的現場則是透過豐富表情運用而順利地讓對方接受的。

在接受對方說話之後，才能進行修正。《質問力》（日本chikuma文庫）一書中，齋藤孝表示「邊接受對方的話邊引用」是溝通的秘訣，而這正是「移開主軸」、「邊接受對方的話邊引用」的技巧。

聽力・傾聽力——ⓐ讀取對方發出的訊息

為了依照編劇進行提問，聽力・傾聽力也很重要。因為，如果沒能力讀取對方發出的訊息，會讓好不容易編寫好的劇本荒腔走板。

舉例來說，當你下班回家時太太對你這麼說，你會怎樣應對呢？（未婚者或女性，請以自己是一位丈夫的立場閱讀一下吧）。

「今天呢！太郎開始嚷嚷說：『已經不想去上英語會話』了！可是，問他理由，他也不回答。本來他是那麼高興和隔壁家的一郎一起去同一間英語會話教室上課的啊。聽隔壁太太說，他們家一郎變得非常喜歡英語，連在家也在讀英語。多棒啊。隔壁那位太太也真厲害。最近，好像開始迷上陶藝。周末還和老公一起去上陶藝課唷！」

「妳到底在說什麼呀！究竟想說什麼。」

這樣是不行的。雖然了解你想這樣回答的心情，但不可以這麼說。

說不定太太想要找你商量關於孩子的教育問題。說不定她對即將邁入青春期孩子的態度感到困擾。說不定她想說：「我們夫妻也應該培養興趣，更加享受人生！」

如果能這樣將太太的發言當作訊息來讀取，就會發現要向太太確認的事像山一樣高。會出現Ａ、Ｂ、Ｃ、Ｄ、Ｅ許多想要提問的事。

將太太的談話放大來看，首先該思考的是「太郎的話題」、「夫妻間的話題」，還是更深入的「家族話題」。說不定三者都是，也說不定不論什麼話題，太太只希望老公傾聽自己說話而已。而老公首先應有的態度，就是有心要一一解決似地老實傾聽。如果具有讀取對方已發出訊息的能力，就應該不會有「完全想不起來接下來應該提出的提問」的情況。

這時，需要的是整理這樣變數多的內容，當場再建構、編劇化後組織建立提問的技巧。

聽力．傾聽力——ⓑ聽清楚敘述的內容

為了讀取對方的訊息，仔細聽清楚對方說話的內容是最重要的。因此，不只要聽對方說的話，還要從他的語氣、動作、表情等來讀取他所想的、所感覺的事情。

就這層意義來看，具有注意聆聽之意的「傾聽力」比「聽力」更必要。

舉例來說，訪談時連對方的沉默都是有意義的。對方之所以保持沉默，說不定就是因為無法理解這邊提出問題的意思，也說不定是因為被逼問不想碰觸、討厭的部分而沉默不語。

同樣的保持沉默，會從對方的表情、動作中所讀出的意思，而改變接下來應該提出的問題。

當對方回答說：「沒特別的感想」時也一樣。

說不定是真的沒有感想，也說不定是希望早點改變話題。或是，由於訪談的提問水準太低，使對方完全失去想要回答的意願。

再回到太郎的話題，太太敘述的重點究竟在哪裡呢？從兒子太郎、英語會話課、鄰居小孩一郎的用功讀書、一郎父母的陶藝興趣等話題中可以想到的假設，這太太真正想要說的就是「我真羨慕隔鄰夫婦的感情那麼好，帶給小孩一郎很好的影響，使他變得很喜歡英語。」、「老公，拜託你！多聽我說些話。對我和太郎多表示一點關心！」等。

連發言裡的真正意思，都有推測的必要。

4-4 具「故事性」的提問會說動人心

經營管理顧問與記者的溝通力不同

和經營管理顧問一樣，要求高溝通力的職業是記者。記者的工作就是對採訪對象，有時要以嚴苛的問題切入，並闡明事實。

那麼，經營管理顧問與記者的溝通力有何不同呢？經營管理顧問溝通力的最終目的，並非是根據訪談來闡明事實而找出本質的答案。

經營管理顧問一定要創造出這樣的狀況：要已掌握答案的客戶有心朝新的目標努力邁進。不管提出多少問題來掌握本質，如果對方的動機萎靡不振，訪談就徹底失敗。

而記者的工作始終都在追求事實。舉例來說，如果政治家有瀆職嫌疑，即使繼續追蹤下去會斷送對方的政治生命，也不可鬆懈。記者的提問最重要的前提並非「以對方為主」。為了探求事實、真理，以對方為主當然是不可欠缺的條件。可是，與對方產生共鳴、創新則非必要條件。

經營管理顧問如果不以對方為主，就無法存在。連產生共鳴、創新都是必要的充分條件。經營管理顧問必須要承擔讓對方理解、使對方產生動機，以及使對方起而行動的整體責任。因此，一定要讓對方感受包括我方意見在內的提問撼動力，並起而行動。

這就是經營管理顧問與記者的溝通力決定性的不同。恐怕大部分企業所必須的就是這種「撼動人心的溝通力。」

述說企業理念與存在意義的「說故事力」

那麼，該如何做才能讓已掌握答案的客戶，元氣十足地、有意願地朝目標行動呢？

我認為，關鍵就在於「說故事力」。

人們對像標語般揭示的理念與目標，不會想要採取行動。人們一定要對「此一理念確實很重要」產生共鳴，「很清楚為了實現此一理念，一定要達成這個目標」有所認同，才會身體力行。為了獲得這樣的共鳴、認同感，就要有「說故事力」。

最近，日本企業也非常關注「說故事力」。所謂的說故事力，就是站在經營者等高層管理階層的人，一邊與人用心地交換親身體驗的心得，一邊以生動的言詞描述企業的歷史、理念，以及在企業中存在的意義等。例如，述說關於企業從草創期到成長期所經歷的挫折與各種嘗試錯誤以及再創新的故事，或是公司的主力商品如何為市場所接受的故事等。

員工聽到這些故事，就會理解企業的理念與存在意義，而且想像當時的情景。

舉例來說，花王的社長就是親自訪問國內、外的事業部門，並向員工親自描述有關企業理念的故事。創立於明治時代的花王，曾將當時仍屬高級品的肥皂推廣至民間。從那時以來，「能否提供消費者最好的商品」、「能否好好掌握時代的變遷」就成為不必特別講明的理念，員工之間也理所當然地傳遞這樣的信念。

可是，隨著事業領域的擴大，越來越難將這種「花王之所以成為花王的理由」滲透到員工的心裡。因此，社長才會開始努力傳達花王的故事。

訪談的劇本中納入故事性

經營管理顧問有必要將這種說故事的基本思想納入訪談的編劇中。

不管是最高層或現場的負責人，都是對工作抱持著理想在奮鬥。例如，為何會進這家公司？秉持著什麼榮耀在工作？對公司與工作一直在煩惱什麼？今後想待在什麼樣的公司？今後希望自己如何成長？……。

在訪談中，藉由提問引導、聆聽出這樣的想法，並有所共鳴。而經營管理顧問本身也要透過提問，掌握到企業有血有肉的理念，而不是標語式的理念。

更重要的是，若真實感受到該公司的生存理念，就可以主動發出「我投身貴公司到目前為止。終於了解了貴公司是具有這麼棒的理念的企業。」的訊息。以這樣的方式，讓客戶確認自己公司的存在意義。

這是我以前在某房地產商從事經營管理顧問時發生的事。該企業捲入業內的價格競爭而陷於苦戰。可是，他們本著出身北國業者的精神，將目標定在建造出充分重視斷熱性與氣密性的房屋。透過訪談，實際感受到這個遠大志向的我，對會長說：

「瑞典與挪威雖然不是世界的中心，但本著在住宅上建造出優質的斷熱性與氣密性的房子，而令人無法忽視他們獨特的存在。會長的公司在日本也位於偏遠的地方，希望也能像瑞典、挪威一樣，在這世上能確立建造值得信賴房子的房屋業者地位。」

於是，會長熱淚盈眶地回答說：「您能如此地了解，我真的很高興。希望將這樣想法也感染現場的每個業務員。」

具有血淚的理念與知道自己存在意義的企業是強大的，會秉持堅強的意念來實踐經營管理顧問所提出的戰略目標與行動計畫的能力。

唯有實踐到這一步，經營管理顧問的提問才算是完成。

「溝通力」是以編劇力組織假設力、本質力而成

溝通力是根據假設力、本質力、編劇力的組合來發揮作用的。這三種能力無法單獨存在，必須一起運作、同時產生相乘作用。

優秀的經營管理顧問，不會將這三種能力分開思考。如果有假設力，就有本質力與編劇力。如果有編劇力，也可說具備假設力、本質力。

依序來說，是假設力、本質力、編劇力，但優秀的溝通力可以同時組織建立這三種能力。經營管理顧問的工作就是以客戶為起點，存在於與客戶共同創立的環境之中。

我可以斷言，經營管理顧問實現最大效果、最佳成果的基本技能就是「溝通力」。

不具溝通力的經營管理顧問、商業人士，就不能說是專業人士。

國家圖書館出版品預行編目資料

3分鐘問出你想要的答案－讓溝通力滿分的問話術 / 野口吉昭 著. 夏淑怡 譯.
--第一版. -- 臺北市 ： 文經社, 2010.07
面 ； 公分 --（文經文庫：A262）
ISBN 978-957-663-616-5（平裝）

1. 溝通 2. 溝通技巧 3. 傳播心理學

177.1 99010734

文經社

文經文庫 A262

3分鐘問出你想要的答案
——讓溝通力滿分的問話術

著 作 人—野口吉昭 原著書名— コンサルタントの「質問力」
原出版社—PHP研究所
發 行 人—趙元美
社 長—吳榮斌
企劃編輯—徐利宜 譯 者—夏淑怡 美術設計—王小明
出 版 者—文經出版社有限公司
登 記 證—新聞局局版台業字第2424號
<總社・編輯部>：
地 址—104 台北市建國北路二段66號11樓之一（文經大樓）
電 話—（02）2517-6688（代表號）
傳 真—（02）2515-3368
E-mail—cosmax.pub@msa.hinet.net
<業務部>：
地 址—241 台北縣三重市光復路一段61巷27號11樓A（鴻運大樓）
電 話—（02）2278-3158・2278-2563
傳 真—（02）2278-3168
E-mail—cosmax27@ms76.hinet.net
郵撥帳號—05088806文經出版社有限公司
新加坡總代理—Novum Organum Publishing House Pte Ltd. TEL:65-6462-6141
馬來西亞總代理—Novum Organum Publishing House (M) Sdn. Bhd. TEL:603-9179-6333
印 刷 所—通南彩色印刷有限公司
法律顧問—鄭玉燦律師（02）2915-5229
發 行 日—2010年 7 月 第一版 第 1 刷

定價／新台幣 220 元 Printed in Taiwan